# 思维导图读名著

一本书读

12部经



初中版

张书琳 杨娜 孙易新 主编

北京时代华文书局

**图书在版编目（CIP）数据**

思维导图读名著 : 初中版 / 张书琳 , 杨娜 , 孙易新主编 . -- 北京 : 北京时代华文书局 , 2022.12
ISBN 978-7-5699-4737-3

Ⅰ . ①思… Ⅱ . ①张… ②杨… ③孙… Ⅲ . ①阅读课－初中－教学参考资料 Ⅳ . ① G634.333

中国版本图书馆 CIP 数据核字 (2022) 第 241387 号

SIWEI DAOTU DU MINGZHU:CHU–ZHONG BAN
出 版 人：陈　涛
责任编辑：薛　芊
装帧设计：柒拾叁号
版式设计：孙丽莉
责任印制：訾　敬

出版发行：北京时代华文书局 http://www.bjsdsj.com.cn
北京市东城区安定门外大街 138 号皇城国际大厦 A 座 8 层
邮编：100011　电话：010-64263661　64261528

印　　刷：河北京平诚乾印刷有限公司
开　　本：710 mm × 1000 mm　1/16　　成品尺寸：170 mm × 240 mm
印　　张：17.25　　字　　数：242 千字
版　　次：2024 年 2 月第 1 版　　印　　次：2024 年 2 月第 1 次印刷
定　　价：58.00 元

序 一

## 你的大脑需要一张“阅读地图”

姬广亮

自从我们接受学校教育以来，在学习过程中，为了理解重要的知识与解决问题，我们养成了按部就班做常规笔记的习惯。而且，极少人能意识到，做传统线性笔记的弱点是“面面俱到”，重点不突出，不仅耗费大量的时间和精力，而且极少愿意再去翻看。思维导图的发明人东尼 · 博赞教授曾说:“人的思考被局限在由单色笔写就的一行行的文字‘监狱’之中。”

心理学家指出“耗费心血的学习才是深层次的，效果也更持久。不花力气地学习就像沙子上写字，今天写上，明天字就消失了”。当然，这里所说的“心血”并非单纯地指时间和体力。最关键的是在记录笔记的过程中，我们的大脑是否注意力更集中，是否更主动思考，是否具备一定的认知挑战性。如果只是做简单机械的文字记录，不仅重点不突出，而且大脑会觉得非常枯燥和无聊，记忆的效率也不高。

思维导图则能帮助大脑建构一种全新的“图像思维模式”，用极简的文字、清晰直观的逻辑，以及有趣的发散结构，像地图一样去呈现大脑思考的整个过程。它可以把复杂的问题变得简单，简单到你只需要一张纸就可以清晰地把它展现出来。

学生的首要任务是学会“如何学习”。科学的阅读理解方式可以帮助学生更好地记忆和掌握所学内容。张书琳、杨娜、孙易新等老师编写的这套《思维导图读名著》就很好地将思维导图与经典名著阅读结合起来，帮助学生学会运用思维导图的同时，通过大量的阅读案例，教会孩子画出属于自己的“阅读地图”，最终实现深度记忆和理解。

希望有更多学生通过本书的学习了解并掌握思维导图，让阅读变得高效，让学习变得快乐，让大脑充满创意。用最有效率的方式阅读，用最有创意的方法思考。

你和“学霸”或许只差一幅“思维导图”。

（姬广亮，中国思维导图普及工程发起人，世界记忆纪录保持者，著有《给孩子的8堂思维导图课》《学完就能用的思维导图》。）

序二

# 培养个人素质的桥梁

孙易新

诗人余光中曾批评现在的大学生语言功底不足。如果能早一点接触经典名著，加上好的教材、老师进行引导，培养出良好的文学素养就不再遥不可及。余光中教授进一步指出，除了国外经典作品之外，能把中国传统名著读通了，那么中文就好一半了！

近年来的教育改革声浪，不断强调素质教育的重要性。升学考试语文科也很少考课本当中的知识点，更多的是课外书籍的延伸阅读，强调思辨与批判性思维。

经典名著之所以经典，除了涵盖语文领域之外，还包括社会学、心理学、哲学等范畴，其实并不容易阅读。不少学生只是把它们当成故事书、科普书随便看一看，若要认真分析理解个中的精髓，恐怕会挫折不断。

思维导图法乃基于语义学所发展出来的学习方法，以它来拆解分析一篇名著文本，最能发挥阅读理解的功效。我自己在就读博士班期间，每个星期最起码都要阅读三四本经典著作，并萃取其中的精华整理成系统性的笔记以及演示文稿，以便在下周上课时向老师与同学做报告，我凭借的秘密武器就是思维导图。

本书以思维导图整理了初中学生必读的经典名著，用意在于帮助学生在阅读名著之前，先有一个全局观，也可帮助学生在阅读名著之后进行重点复盘，是学生通往经典名著的桥梁！

［孙易新，台湾师范大学社会教育研究所博士，英国博赞思维导图法全球首位认证华人讲师，孙易新心智图法(天津)教育咨询有限公司创办人。］

# 阅读的方法

刘濯源

于阅读而言，最要紧的是搞明白三个问题：读什么？怎样读？读到了什么？

关于“读什么”的问题，常常被忽视，许多人认为只要读书便是好事，读总是要比不读好。实则开卷未必有益——常读浅薄的书易使人浅薄；常读偏激的书易使人偏激；常读低俗的书易使人低俗；常读疯狂的书易使人疯狂……所以，择什么样的书而读是至关重要的。尤其是儿童时期的阅读，选择读什么就更要慎重，如果误入“儿童中心主义”的陷阱——只要孩子喜欢就好，让那些质量低劣的书籍占据儿童的阅读时光，那么儿童的心智水平不但不会因为阅读而提升，反而会受到阻滞或扭曲。本书选择经过时间不断淘洗而传世的经典作品，就在“读什么”方面对阅读价值及阅读安全提供了保障。

有了好内容，读起来当然不能走马观花、浮皮潦草、囫囵吞枣，那样最终只能是水中望月，雾里看花，很难吸收到其中精华。好书要精读，阅读时要做到条分缕析、归纳概括、摄取神髓。在这本书中，编者们引入了思维导图这一工具，引导读者对阅读内容进行结构化打开——中心聚焦、分层分类、横向扩展、纵向延伸，不但使内容更加清晰，同时在阅读过程中也锻炼了读者的思考力和想象力。

在保证了用“好的方法”去读好书之后，我们还要追问自己“到底读到了什么”。我的知识有没有增加？我的思维有没有发展？我的思想有没有升华？阅读的最终价值一定是助力读者成长的，这本书的编者们大都是拥有热忱育人之心和丰富教学经验的师者，绘制思维导图所选取的作品在人文滋养、思维发展、语文阅读策略等方面为读者竭力提供多维成长价值。

之所以向读者推荐这本书，是基于这本书具有的以上优点。当然这世上并不存在一本完美的书，本书也是如此。希望读者阅读时可以抱持一种“激发—改进”的心态展开阅读，使你的阅读收获超出本书的字面价值，这会获得一种更高级的阅读体验——批判式、创造性阅读。

（刘濯源，思维可视化教学体系创建人，学科思维导图概念提出者，心智系统发展模型创建者。著有《赢在学习力》《高中思维导图高效学习模板：文科版》等作品。）

# 改变孩子一生的阅读力提升手册

王玉印

“阅读是人类进步的阶梯”，世界各国都十分重视阅读，许多国家设立了“阅读节”，我们国家更是注重阅读，提出“倡导全民阅读，建设书香社会”。

然而，在电子产品充斥的现在，如何培育孩子的阅读兴趣和阅读习惯，提升孩子的阅读能力，成了许多家长头疼的问题。

幸好办法总比问题多，作者结合思维导图高效阅读方式，精心打造的这套《思维导图读名著》，提供了既有效又有趣的读书方式，是一套能引导孩子快乐阅读、轻松阅读、高效阅读的优秀读物。

这套书绘制了小学、初中、高中必读经典名著的全书思维导图和章节思维导图，绘图精美、逻辑清晰，还附加了内容介绍和导图解析，让孩子一看就喜欢，一看就能懂。不仅能让孩子有效爱上阅读，更是在不知不觉中让孩子提升了逻辑思维能力，进而提升阅读理解鉴赏能力。

这套书的主编张书琳老师，执教中小学语文数十年；杨娜老师，是市级优秀语文教师，还获得了世界思维导图锦标赛阅读分析板块的亚军；孙易新老师更是台湾师范大学社会教育学博士，他在 20 世纪 80 年代就跟随思维导图发明人东尼·博赞先生学习思维导图，30 多年来一直耕耘在思维导图的推广和教学领域，出版了 20 多本书。我本人于 2017 年向孙易新博士学习，并深深敬佩孙博士在思维导图理论和应用上的深入研究。如果说博赞先生是思维导图的发明人、鼻祖，孙博士则是不折不扣的当前思维导图领域的先行者、领路人。

今日得闻孙易新博士和张书琳、杨娜等几位老师的这套有趣、有料的《思维导图读名著》阅读工具书即将出版，我相信，这套书定能让孩子们爱上阅读，引领孩子们走好未来的人生之路。特以此文荐之!

（王玉印，玉印教育科技创始人，资深思维导图讲师，著有《思维导图工作法》《给孩子的思维导图课》等畅销书。）

# 本书使用说明

要学会运用思维导图高效快乐地阅读名著，跨越时空与古今中外的大师们进行心灵的对话、思想的碰撞，首先应该了解什么是思维导图，运用这个高效思维工具的意义何在；其次学会阅读思维导图，尤其是多看思维导图大师们的作品，这是绘制思维导图、运用思维导图的基础。

接下来就是绘制思维导图了。第一步，要掌握思维导图的绘制规则，学会思维导图的绘制步骤；第二步，要多模仿思维导图大师们的优秀作品；第三步，也是最关键的一步，就是绘制思维导图；最后当然是运用思维导图读名著，这是本书的核心目的。

本书使用步骤如下：

第一步，认真阅读本书涉及的名著，用心思考。本书按照初中语文教材的安排顺序，涵盖了 12 部必读经典名著。

第二步，本书提供了每部名著全书和重点章节的思维导图，请同学们认真学习，按照要求绘制名著思维导图，并且经常复习名著导图。还要多和家长、同学分享自己绘制的思维导图，让阅读名著、绘制思维导图成为习惯。这样，思维导图的魅力才真正得以体现，经典名著的价值才真正融会于心。

请同学们先认真阅读“漫话导图”板块，扫码观看思维导图视频讲解，而后进入经典名著思维导图的美妙世界吧！

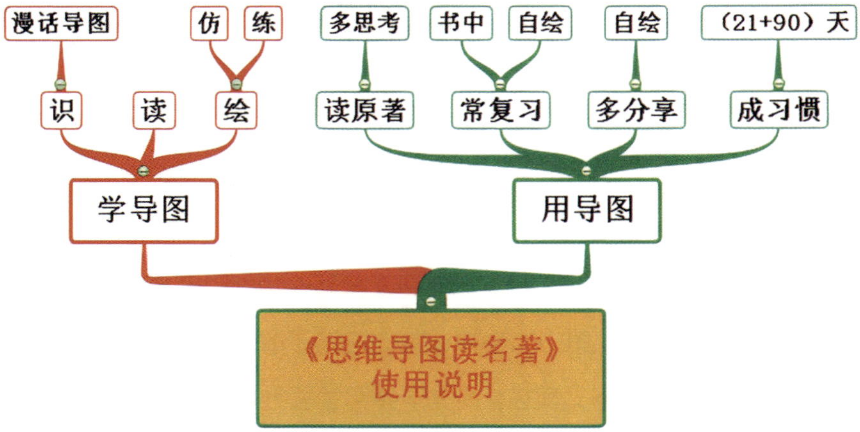


扫码观看思维导图视频讲解

# 目录

contents

# 第一章

# 漫话导图

欢迎同学们来到“思维导图读名著”运用思维导图法系统学习环节，本章共有四大模块，分别为识图、读图、绘图和用图，适合思维导图零基础的同学、老师和家长一起学习，课程内容如图 1–1 所示。

图1–1 漫话导图课程总目录

国内已有许多同学，因为学习了思维导图法，学习成绩进步了，也更喜欢读书了。他们是你的同龄人，他们可以，你也一定做得到。

# 认识思维导图

什么是思维导图？什么是思维导图法？

教育学者孙易新博士指出，思维导图法是一种有效提升大脑思考与学习能力的方法，它的主要工具是思维导图（简称“导图”）。本节将为同学们介绍思维导图的起源、概念、特点、原理和作用。

## 一、思维导图的起源

如图 1–2 所示，今天我们所看到的充满丰富色彩与图像的思维导图，是于 20 世纪 70 年代由英国大众心理学家东尼·博赞先生提出，并在各个领域广泛应用的。博赞先生为了唤起大众对脑力训练的重视，创立了世界脑力锦标赛、世界记忆锦标赛与世界思维导图锦标赛等。

图1–2 关于自我介绍的思维导图

思维导图又被形象地称为大脑使用说明书。同学们，想一想我们买来的手机、电脑，哪怕小小的刮胡刀都有使用说明，对吗？思维导图就是人类最重要的、终其一生跟随我们大脑的使用说明书，仅从这一点来说，学好思维导图法至关重要。

思维导图法是一种图文并茂的可视化的笔记方法，是用于整合、输入、存储和输出信息的简单又高效的思维方法。世界顶级名校如哈佛大学、剑桥大学都在用思维导图法进行教学，多年前新加坡和韩国已经把思维导图法列为中小学必修课程，近年来我国中小学校也日益普及。

## 二、思维导图的特点

下面让我们一起通过图 1–3 来观察一下思维导图的特点：

### 1. 图文并茂

在每一幅思维导图中，除了关键词之外，在特别重要的地方还会加上插图、符号、代码等来刺激眼球，引起读者注意。中心图采用图像加文字的方式来呈现，让主题更加清晰可见。

### 2. 发散结构

所有的思维导图都是从中心向四周发散的结构。

### 3. 文字简洁

关键词以 2 到 4 个字为主，精练助记。

### 4. 色彩丰富

更能吸引读者的目光，并引发右脑思考。

## 三、思维导图的原理

为什么以思维导图这样的形式就可以让学习效果翻倍呢？这跟我们

图1-3 世锦赛导图作品《思维导图与我》

大脑的结构和认知原理有关。我们的大脑由左右两个半球组成，如图 1-4 所示：左脑负责语言、分析、逻辑等信息，被称为抽象脑；右脑负责色彩、韵律和节奏，被称为艺术脑。那么我们的左右脑协调能力怎么样呢？

见图 1-5，请辨别并读出其中的文字以及文字的颜色。

通过测试你会发现，无论是孩子还是成人，读出文字都比读出文字的颜色要轻松快速得多。回想一下，我们从小到大的学习过程中，抄写、背诵、做题、理解分析等都是在应用和强化左脑的功能，此时的右脑基本处于闲置状态。科学家研究表明，人的右脑的图形记忆能力非常强，而这就是天才和普通人的差别。

我们无论是采用哪种形式学习，学习的内容是什么，都需要把零散的

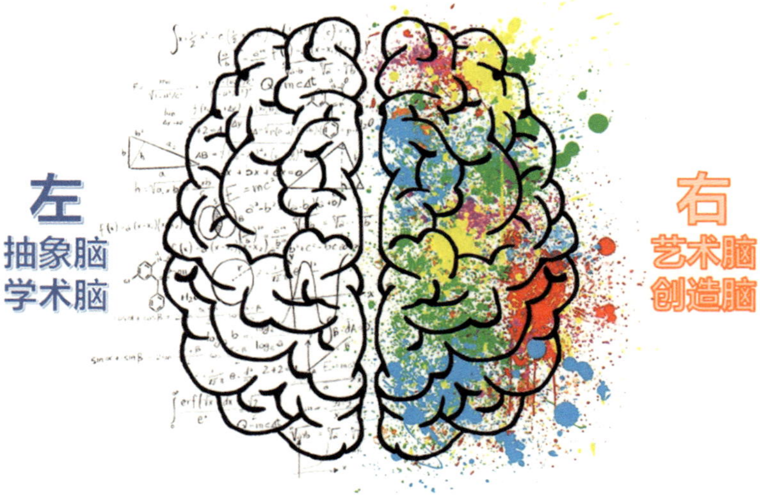


图1-4 神奇的大脑

| | | | | |
|---|---|---|---|---|
| 黄 | 蓝 | 橙 | 绿 | 紫 |
| 黑 | 红 | 绿 | 蓝 | 黄 |
| 紫 | 黄 | 红 | 橙 | 黑 |

图1-5 左右脑协调练习图

信息以点状先吸收到大脑中，再通过左右脑的加工、整合，把相关的信息进行归类，形成线或者是面进行储存和记忆，最后再通过考试等输出方式来进行检查、反馈记忆效果。假如说我们把信息放入大脑之前先加工整理成符合大脑记忆的样子，那它的记忆效果会不会更好呢？我想答案是肯定的。如图 1-6（A/B）所示，思维导图与大脑神经元结构相似，记忆模式相同，思维导图就是模仿了大脑自然的工作状态。无论是哪个学科，我们平常学习的知识点就如同天上一个个散乱的星星，思维导图就像一条条线织成的网，把相关的信息串联成一个个星座帮助我们理解与记忆，学习效果就这样变得事半功倍，这只是思维导图神奇的作用之一。

图1-6（A）思维导图

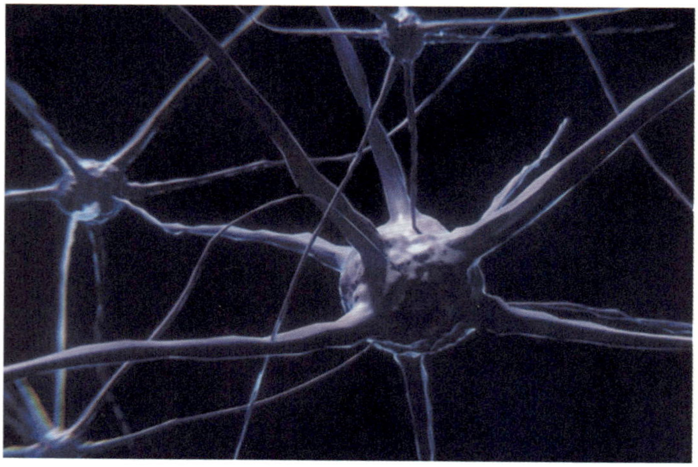

图1-6（B）大脑神经元

# 思维导图的四大核心思维

思维导图是简单有效的训练思维的工具，发散思维、收敛思维、逻辑思维和全脑思维是思维导图的四大核心思维。

第一是发散思维，又称“放射思维”或“求异思维”，是指大脑在思维时呈现的一种扩散状态的思维模式，表现在思维导图中就是从中心主题出发 360 度向四周扩散的思考，博赞先生称之为“放射性的思考”。它包括水平思考和垂直思考两种。发散思维表现为思维视野广阔，呈现出多维发散状。如我们经常用“一题多解”“一事多写”“一物多用”等方式，来培养孩子们的发散思维能力。心理学家认为，发散思维是创造性思维最主要的特点，是测定创造力的标志之一。

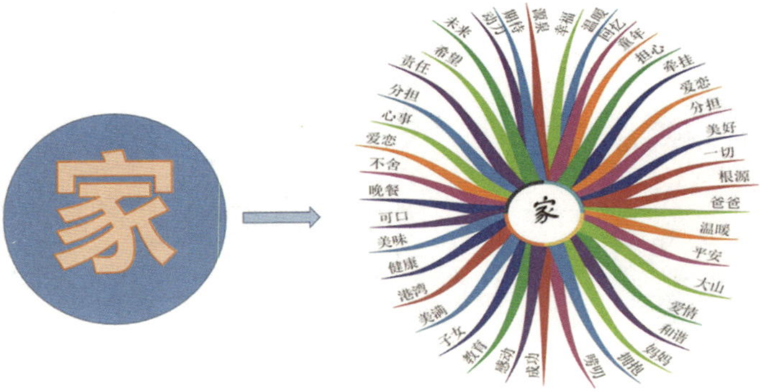


图1-7 发散思维之思维广度练习

举例：以我们最熟悉的“家”作为主题进行发散思维练习，通过“家”你能想到什么词语？像太阳发光那样，给中心主题一条线，把你通过“家”能想到的所有词语都写下来，时间为一分钟。由“家”我想到的第一个词语是温暖，你想到的是什么？请把它写在下一个线条上，写得越多越好，

也叫 60 秒头脑风暴，这种联想特别灵活、自由，没有任何限制，就像花儿绽放一样，因此博赞先生又称这种思考为“思维绽放”。它的功能是扩充思考的广度，增进思考的流畅性与灵活度。

接下来做发散思维的深度联想，同样是以“家”为主题，不同的是第二个词语要从“家”所想到的第一个词语温暖开始，由温暖想到太阳，由太阳想到沙滩，再由沙滩想到大海，依次联想下去，每个下一个词语都是由上一个想到的，直到一分钟时间结束。如图 1-8 这种思考就像我们平常玩的词语接龙小游戏，博赞先生形象地称这种思考为“思维流淌”，功能在于增进思考的深刻性，这就好比挖井，思维绽放是尝试在许多个地点挖，而思维流淌是选定一个地方深挖下去，思维导图的阶层结构就是由这两种思考交织而成。

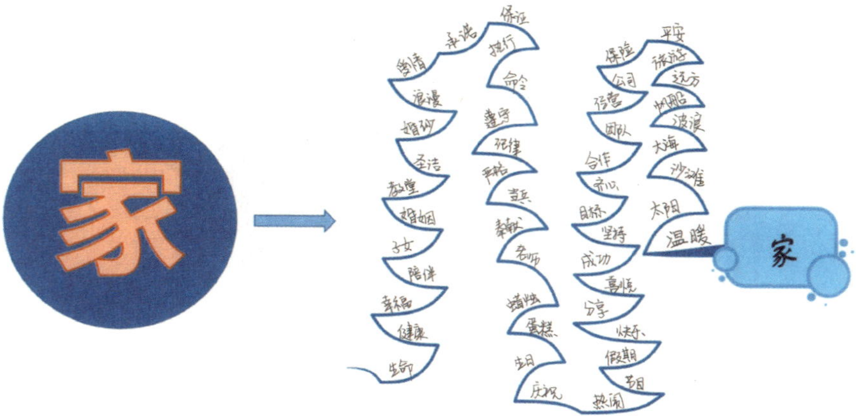


图1-8 发散思维之思维深度练习

第二是收敛思维，又称“聚合思维”或“求同思维”。它的特点是让思维始终集中于同一方向，使思维条理化、简明化、逻辑化、规律化。收敛思维表现在思维导图中就是所有的分支内容都指向中心主题。这就像是捕鱼，发散思维就像撒网，想捕更多的鱼就要撒更大范围的网；收敛思维就如同收网，提取关键词的过程就是选鱼，把捕到的想要的鱼留下，把石头和其他杂物丢弃。

第三是逻辑思维，是我们在认识事物时反映客观现实的理性认识过程，又称抽象思维。逻辑思维是一种确定的、前后一贯的、有条理、有根据的思维。它体现了思维导图的“讲理性”，表现在思维导图中有两点，首先就是金字塔理论的“结论先行”，如图 1-9。即每一幅思维导图的核心观点。其次就是关键词之间的层级关系：总分、并列、递进和因果四种逻辑关系。以前三种逻辑关系为主，每一幅导图与中心主题紧密相连的是一级分支，也叫主干分支，依次展开为二级分支，三级分支，所有的分支与中心主题都是总分关系，同层级的分支为并列关系，每一层级下面延伸出去的分支与本分支是递进关系，因果是个别关键词与上级的关系。

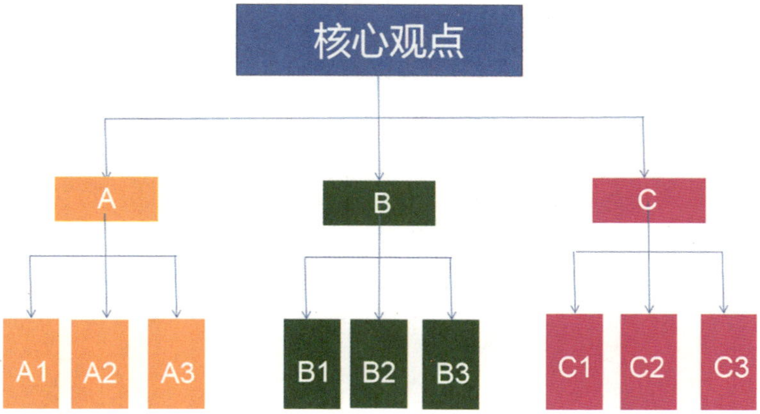


图1-9 金字塔理论：结论先行

第四是全脑思维，如图 1-10，是从多角度、多视野去生发和联想的思维模式。思维导图就是用它独有的形式，最大限度地调动和综合左右脑的功能。绘制思维导图的过程就是全脑思考的过程，并让思考通过思维导图的可视化呈现出来，“思维导图让学习看得见”，全脑思维教育就是全脑功能开发、全人教育教学。

思维导图的底层逻辑相对来说就是更难懂一些，没有关系，实践证明这些会在日后绘制和应用导图中逐渐掌握，也可能某一天、某一刻会豁然开朗。读完本节后的一个小任务是：如图 1-11，做思维导图的线条临摹。下一节将为同学们讲解思维导图的读图顺序和方法。

图1-10 手绘全脑思维导图

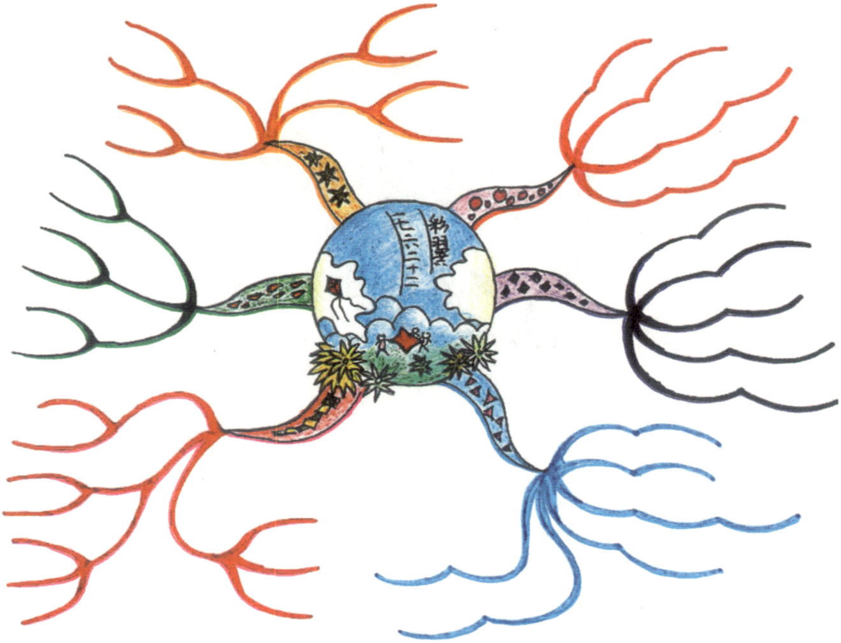

图1-11 线条临摹小任务

# 阅读思维导图

通过前两节的学习，我们知道了思维导图是一种可视化的高效学习工具，它不仅可以提高我们的工作效率，还能提升我们的思维能力，在你思考时最大限度地发挥左右脑的功能，可以说，哪里有思考哪里就用得着思维导图。

面对一幅图文并茂、色彩丰富的思维导图，你会觉得不知从哪里看起，这个时候正确的思维导图阅读顺序和方法就变得十分重要。在掌握思维导图正确阅读方法之前，我们需要先了解思维导图有哪些类型。

图1-12 手绘版思维导图

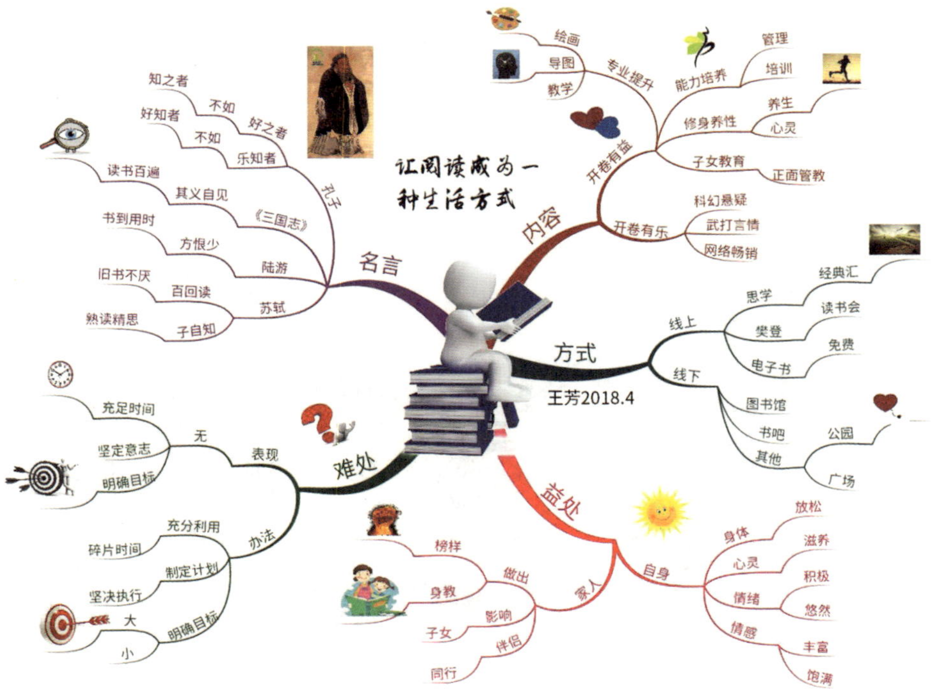


图1-13 软件版思维导图

因绘制形式的不同，思维导图共分两大类：手绘版和软件版。这两大类具体又分三种类型：全文型、全图型和图文结合型。

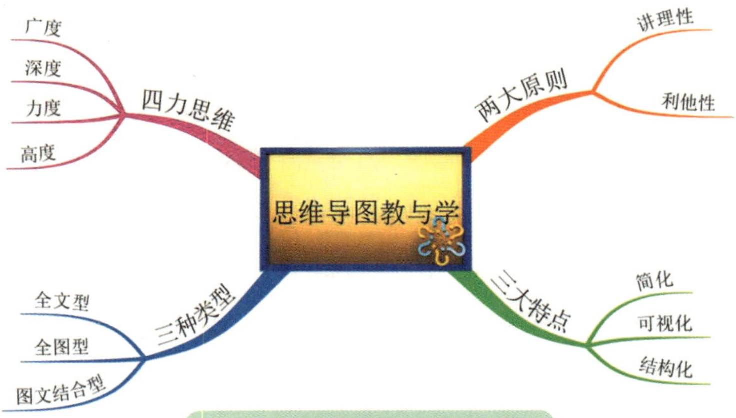


图1-14 全文型软件思维导图

如图 1-14 所示，这是软件版的全文型思维导图，顾名思义全文型就是只有文字和线条组成的思维导图。

图1-15 全图型手绘思维导图

第二种，全图型，如图 1-15 所示。这是主题为《我的一天》的思维导图，与全文型相比，是不是更具吸引力与神秘感？全图型适用于有展示需求、想引起更多人关注的情形。博赞先生在某次演讲的时候问道：“国际通用语言是什么？大家猜猜是什么呢？是英语、汉语还是其他？”答案是图像，因为图像没有国界、不分年龄。

第三种，图文结合型。这是最常见的、应用最广泛、最为大多数人所接受的、最容易被大家读懂的思维导图，如图 1-16 所示，它适用于工作、学习、生活的方方面面。

图1-16 图文结合型手绘思维导图

不管哪种类型的思维导图，它的读图顺序都是一样的。

以图 1-17 博赞先生自我介绍这幅为例，思维导图正确的阅读顺序是：先阅读中心主题和中心图像——博赞先生；然后阅读主干，沿着右上角 1 点钟方向的第一主干博赞，按照顺时针依次是与我、相见、愿景。每一主干下的各级分支，都是按照从上到下的顺序阅读。第一个主干博赞下二级分支的阅读顺序是：生平、著作、成就。第二个主干与我下二级分支的阅读顺序是：初识、进步、飞跃。第三个主干相见下二级分支的阅读顺序是：时间（代码替代）、地点、感受。第四个主干愿景下二级分支的阅读顺序是：个人、应用、导图（图像代替）。其他细节分支和二级分支阅读顺序相同。

当我们知道了思维导图的规范阅读顺序，如何才能快速地读懂一幅思

图1-17 思维导图的阅读顺序

维导图呢？具体需要以下六个步骤：

1. 了解主题意向；

2. 明确整体架构；

3. 掌握分类层次；

4. 阅读内容细节；

5. 强调关键插图；

6. 重复重点内容。

接下来，我们以这幅 SWOT 自我分析的导图为例，结合刚刚讲到的阅读顺序，带领大家快速地读懂一幅思维导图。

SWOT 分析法是思维导图应用中常见的一种思维模型，用此模型结

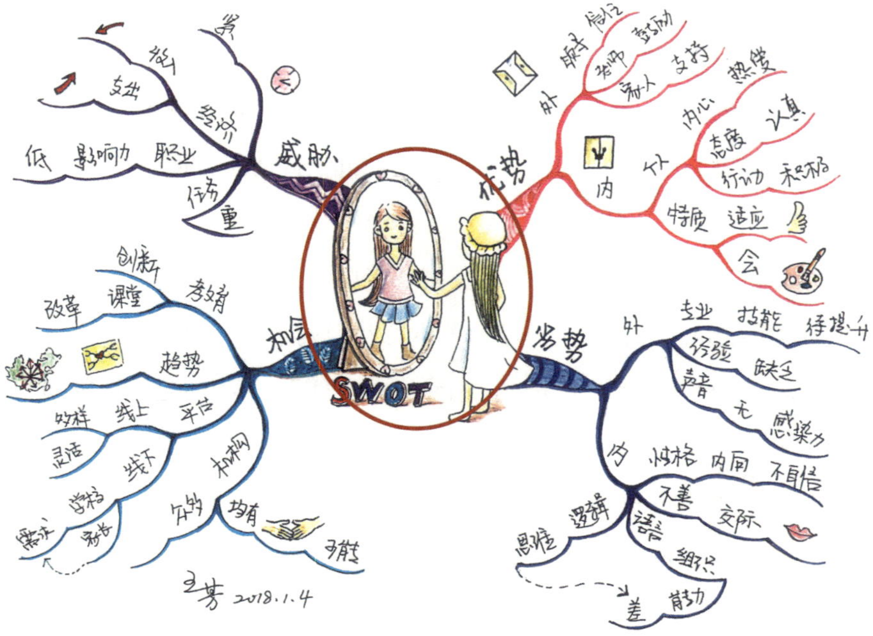


图1-18 SWOT分析法思维导图

合一件事情做自我分析，能帮我们更加深刻全面地了解自己，然后再辅助做决策。图 1-18 是就要不要做思维导图讲师做 SWOT 分析。

第一步：了解主题意向。如图 1-18，中心图是一个女孩在照镜子，细致的同学会发现镜子里外是不一样的两个人，寓意是通过 SWOT 深度自我分析，来发现并成就那个隐藏在内心深处、常常被我们忽略的更好的自己，两者是同一个人两种不同的状态。

第二步：明确整体架构。在一幅标准的逻辑清晰的思维导图中，除了中心主题，大纲主干上的内容是最重要的。主题意向明确后，按照正确的读图顺序，从 SWOT 四个字母分别代表的优势、劣势、机会、威胁四个方面进行理解，读完大纲主干对这幅导图的框架就有了基本的了解。

第三步：掌握分类层次。就是分别阅读大纲主干后面的内容，尤其是二级分支，比如优势与劣势中分别从内因与外因两个方面进行分析，机会是指思维导图在当下教育领域的需求、未来的发展趋势和输出的平台与合作机构，而威胁对于当时的我来说主要是时间、经济等方面。

第四步：阅读内容细节。就是第三和第四分支的具体内容。比如第一主干“优势”，从外部说有领导的支持、老师的鼓励和家人的支持，从内部来说做思维导图的传播和分享是我内心热爱的事情，对此我态度认真，行动积极，至今为止都在实战的路上，而且我自认的特质是适应能力强，喜欢画图。

第五步：强调关键插图。插图是为重要信息所添加的图像，起强调和助记的作用。此图使用插图的地方是内外优势、思维导图发展趋势和与培训机构合作的可能以及经济方面的入不敷出。

第六步：重复重点内容。读完整幅思维导图后，要再次回顾重要的信息，以便全面了解这件事，并辅助做决策。通过分析我认为，发挥优势和把握机会更加重要，对于劣势可以暂时忽略，因为每个人都有缺点，如果紧盯缺点则一事无成。对于威胁，做任何事都有潜在的困难，先做起来，等出现问题和困难的时候，再具体问题具体分析。

这就是快速阅读一幅思维导图的六大步骤，你学会了吗？读图是很重要的一种能力，能帮助你快速全面地了解一个人或一件事，可以寻找一些你感兴趣的思维导图，按照正确的读图顺序和方法进行练习，读得越多越顺利。阅读思维导图大师们的作品，能够领略他们创作的思路和思考方式，有助于开阔我们的眼界和提升思维能力。

这部分讲了思维导图的两大种类和三种类型，阅读思维导图的顺序和快速读懂一幅思维导图的六步骤方法，读完本节后的小任务是导图临摹，请阅读并临摹图 1-19，为下一节绘制思维导图做准备。

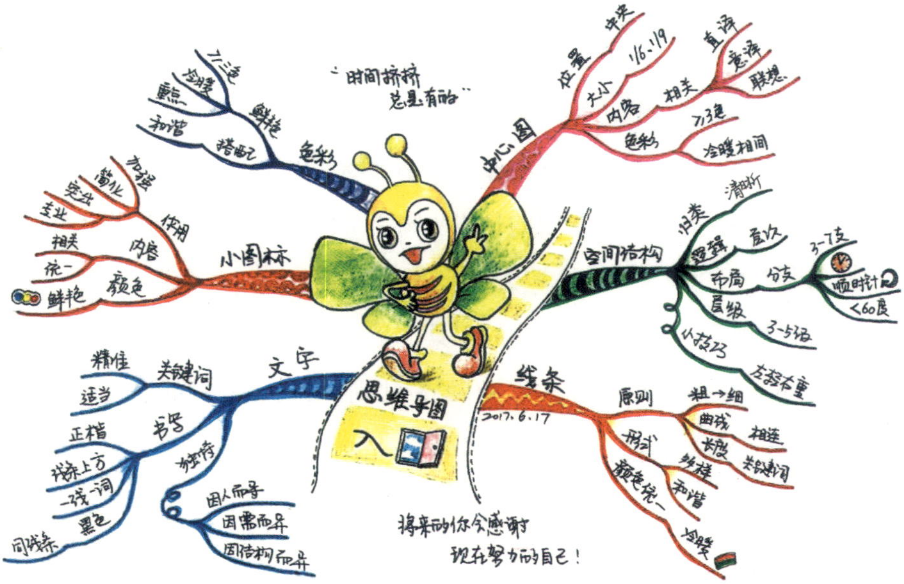


图1-19 思维导图六要素作品

# 绘制思维导图

如何正确绘制一幅思维导图？同学们是不是早就跃跃欲试，想要学习怎么画图了呢？思维导图再好，假如你不会画，也就谈不上用了，对吗？那么，绘图的准备工作和绘图的具体步骤又是什么呢？本节将为同学们做细致的讲解。

思维导图是一种思维可视化的工具，是我们头脑中思路的一种外在表现形式，我们要理解并遵循其规律和绘制法则，才能让我们的思路更清晰，逻辑更严谨，表达更充分。

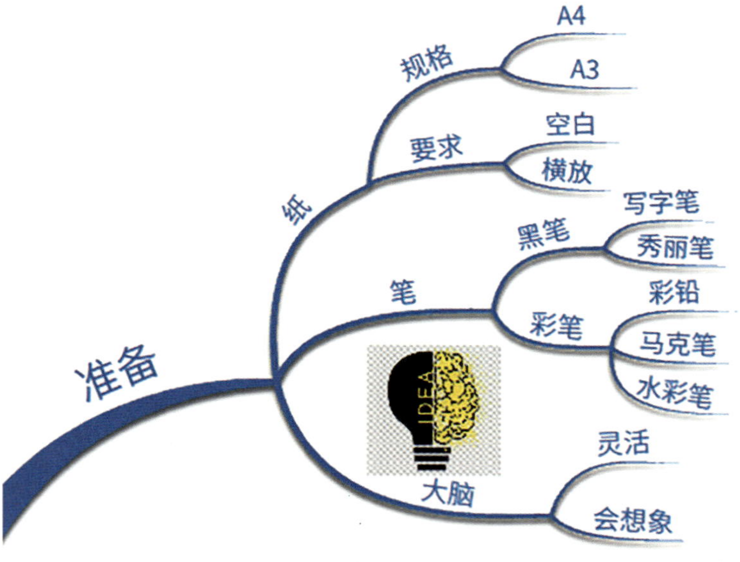


图1-20 绘制思维导图的准备

首先是绘制思维导图要做的准备工作，那就是纸、笔和同学们会想象的灵活的大脑。纸的要求是：大小方面，对于初学者来说 A4 的就够了，考级和世锦赛的国际标准是A3，大的纸张可以让绘图者有更大的想象和创作的空间。然后就是要完全空白且横放，完全空白很好理解，因为有格子和有横线的纸会影响思维导图的美观，其次是扰乱读图者的视线。至于横放，同学们有没有发现我们的黑板、电视机、电脑的屏幕都是横放的？因为我们的眼睛就是横着长的，这是符合我们的生理结构和认知规律的，横放能更好地利用我们的视觉范围。对笔的要求：对初学者来说最简单的签字笔加上12色马克笔或者普通彩笔就够了。至于能思考、会想象的大脑，那可是随身携带、时时在线的啊！

其次，我们要知道思维导图的三个重要组成部分和六大要素。三个组成部分是中心图、大纲主干和分支内容；六要素概括起来就是心、线、词、色、图、构，其中图包括中心图和分支插图。接下来我们看一下六要素的具体要求和作用分别都是什么。

第一，中心图。它位于整幅思维导图的中央，起到点明并聚焦中心主题的作用，大小约占整幅图的九分之一，颜色至少三种以上，并且要图文并茂，是整幅思维导图中最明显、最大的图。中心图很重要，它的成败直接影响着一幅思维导图的视觉效果和中心主题的表达。中心图应该画什么内容，是很多初学思维导图的人觉得比较难的事。一般来说建议画你拿到主题后出现在脑海中的第一个图像，抓住第一印象是最简单和直接的。如图1–21,《重阳节》思维导图的中心图就是两个太阳，其中一个与老爷爷慈祥的面容结合，既点明主题又生动形象，让人过目不忘。

第二，线条。如图1–22，线条是组成思维导图网状结构所有线的总称，它起到承载关键词和引导视线的作用。它以趋于水平方向的弧线为主，分为大纲主干和分支线条。思维导图线条的要求是：大纲主干要做到由粗到细的变化，形状类似羊角，由两条弧线组成，如图1–23（A）所示。中间可以填充色彩和纹理，或者更高级一点，填充与分支内容相关的图样，主

图1-21 思维导图《重阳节》

图1-22 思维导图的线条呈现

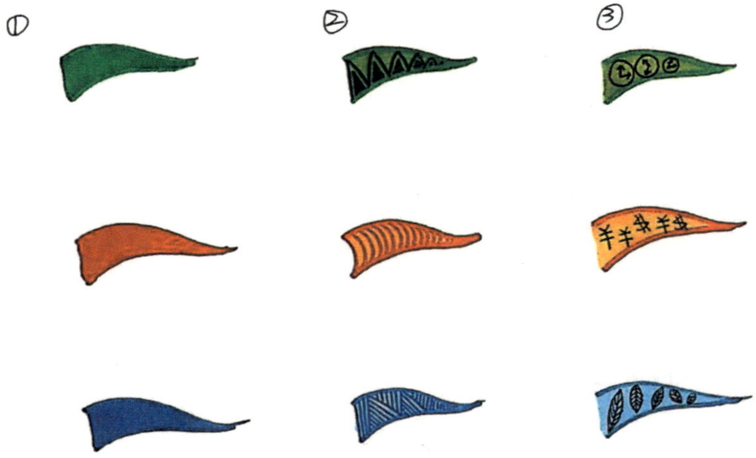


图1-23（A） 主干分支的三种画法

干要做到与中心主题密切相连，分支线条以弧线为主，做到节点相连，线长约等于关键词的长度，颜色要求一支一色（同一主干和它的各级分支，颜色一样），最好做到冷暖相间。高阶的要求是专意专色，因为色彩也是可以表达情绪的。需要注意的是不能断开，不能垂直，不能多色同用。

需要重点强调的是：第一主干分支要做到由粗到细的变化，如图1-23（A）。具体画法有三种：1. 直接涂色；2. 用简单纹理线条填充；3. 用本分支关键词的图像填充，比如假如绿色分支的关键词是时间，主干便可用代表时间的图案填充，这样会让导图更具内涵和艺术性。下一层级的所有线条都要从上级分支的一个节点出发，表示两个层级之间是总分或者递进的关系。如图 1-23（B）所示，请仔细观察：正确画法是所有二级分支在同一个节点发出，错误画法是下级分支出发点不明确、不统一，造成层级混乱、逻辑不清的现象。同学们要仔细观察、比对，这方面初学者特别容易犯错误。

能否在有限的时间内快速画出一幅有成效的思维导图，在很大程度上

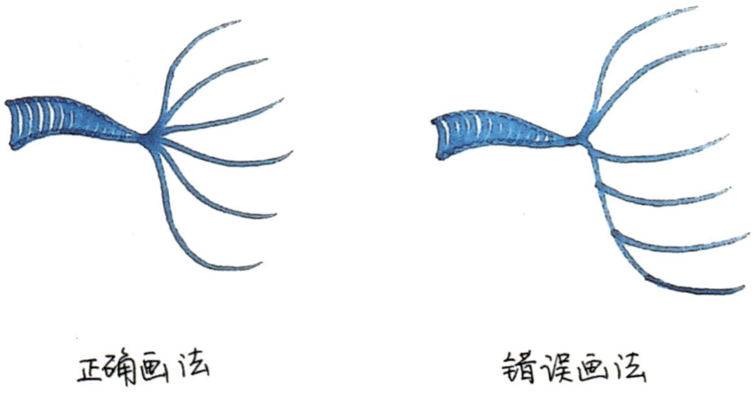


图1–23（B） 线条各层级的正确画法

取决于绘制线条的速度，学会快速、流畅地绘制线条是初学者要掌握的基本技能。

第三，关键词。如图 1–21，《重阳节》导图中的所有文字部分均是关键词。关键词是表达思维导图中逻辑关系、层级关系的主体，它位于线条的上面，一般以名词、动词为主，正楷书写。中心主题的字最大，其次是主干分支，然后是各个分支逐渐变小，一般做到主干和二级分支点有所区别就好。关键词以 2—4 个字为主，其颜色有两种：一种是全黑色，一种是和分支颜色相同。假如关键词是多个字的短语或者一句话，可用文本框进行处理，如图 1–26 第四分支诗赋的处理方式。文本框的形式多种多样，如图 1–24，这样的形式既不违反导图绘制规范，又可以起到突出重点的作用。

第四，色彩。人的大脑天生喜欢色彩，科学研究表明，人眼对于色彩的敏感度比对文字的敏感度高。色彩可以吸引读者的眼球，同时还能有效刺激我们的右脑，提升理解和记忆信息的能力。其实在每一个要素中都有提到有关色彩的要求，在此我们主要强调思维导图用色的整体要求，那就

图1-24 关键词是大段文字时的处理方式

图1-25 思维导图的万能配色法则

是要鲜亮明快，搭配和谐，同时对于分支搭配推荐一个万能法则，如图 1–25，那就是临近的两个分支尽量运用对比色，也就是色环上 180 度两头对应的颜色，因为分支颜色的一个重要功能就是区分信息，对比色能更好地做到这点。一般的应用搭配是：大红和绿色，玫红和蓝色。如果是六条主干，就再加上黄色和紫色，或者是重复使用大红和绿色。

第五，图像。如图 1–26，也就是常说的小图标，其表现形式有插图、符号、代码和图像字四种。插图是指在关键词的后面或者替代关键词，用于解释、说明、补充关键词的图画，可选用工作、生活中的常见物，通常以形象的简笔画为主。符号是生活中规定或约定俗成的，我们经常见到的记号或者标志，我们一看到它就知道它的意思，比如说“√”表示被允许，“×”表示被禁止。代码是指用简单的图形代表关键词相应的含义，也就

图1–26 思维导图中的各种图像与代码

图1-27 《广义思维导图》作品

是常说的抽象字转图像，这与每个人的想象力和表现力有直接关系，相对来说是有难度的，需要刻意练习。图像字是指把图像和文字融为一体，一般情况下是把关键词的某个字或者字的某个笔画变成图像，从而让整个关键词看起来更生动形象，更接近一个图像的样子。比如把海字的三点水变成海浪或者雨滴，把吃的口字旁变成一个嘴巴，把带竹字头的字直接用两片竹叶代替等等。通过以上多种形式把单调的文字变得丰富多彩，好玩有趣，让学习变得轻松，同时又方便于内容的理解和记忆。

第六，结构。以上五个要素做好了，如图 1-27，就综合而成了思维导图网状的、以中心图为焦点向四周发散的放射状结构，其整体布局的要求是：1. 内容与留白要遵循二八原则（百分之八十的内容，百分之二十的

图1-28 思维导图的绘制步骤

留白）；2. 主干分支 3—7 个，层级 3—5 级；3. 整体布局要均衡，比如四个分支要左右各两个。小技巧：内容多的时候右重左轻，比如七个分支内容差不多的时候，右四左三。这个绘图小经验，分享给大家，希望对同学们的学习有所帮助。

最后是绘制思维导图的五个步骤。当懂得了思维导图六要素之后再进行具体的绘制，就变得简单轻松多了，具体步骤如图 1-28：

1. 绘制中心主题；

2. 设置主干架构；

3. 拓展分支内容；

4. 增添重点插图；

5. 关联相关信息。

以图 1-29《下雪啦》为例来逐一看绘制的步骤。

从题目我们能看出，《下雪啦》属于自由创作的思维导图。下雪后，孩子们欢呼雀跃——玩雪人、打雪仗、踩雪画……关于雪还有哪些好玩有趣的事呢？那就试着用思维导图来呈现吧。

当主题确定以后，第一步就是绘制中心图，如图 1-30（A）。当时大脑中出现的第一图像就是大家看到的，一个雪中炊烟冉冉升起的小房子，还有房子前面的雪人，感觉很温暖，所以第一时间就画下来了。我们在绘制的过程中，要注意前面讲到的思维导图中心图的要求，包括位置、大小、

图1-29 思维导图作品《下雪啦》

颜色等。

第二步设置大纲主干，如图 1-30（B）。画好中心图后就要绘制主干并确立主干内容，最后决定以与雪有关的节日、诗句、歌曲、游戏和雪的象征意义五个内容为大纲主干的关键词。主干线条要由粗到细，第一分支直接用炊烟代替主干，这是一种创意画法，就是用中心图的一部分图像直接代替主干，能做到巧妙设计、自然灵活最好。

第三步拓展分支内容。这个时候每个主干就相当于一个小主题，如图 1-30（C）。以它为主添加二级分支和各个细节分支的具体内容。这个时候建议分支和关键词同步完成，这样能更好地保持思维的流畅。初学思维导图，画草图还是有必要的。

图1-30（A）《下雪啦》的中心图小房子

图1-30（B）绘制大纲主干

图1-30（C）拓展思维导图的分支内容

图1-30（D） 增添重点插图

图1-30（E） 关联导图中相关的信息

图1-31 思维导图的绘制禁忌

第四步增添重点图像，如图 1–30（D），在你最感兴趣、最喜欢的活动后增添图像，来增强阅读的趣味。有的图像是写完关键词就想到的，可以顺便先画上去，需要注意的是图像的大小不可以超过中心图，颜色也要尽可能丰富多彩。

第五步关联相关信息。这一步很关键，思维导图所有的内容均是由中心主题发散出来的，它们之间相对独立又有必然的联系，把有关的信息通过连接线的方式进行关联即可，如图 1–30（E）。在这幅思维导图中，我标注了两处，一处是有关雪的歌曲中出现的雪景，另一处是堆雪人有浪漫的氛围，所以进行关联。如此一幅标准规范的思维导图就绘制完成了，同学们你学会了吗？

关于思维导图绘制的禁忌在此送大家“四个千万”，如图 1–31：

1. 千万不要内容过多，记得过犹不及的道理；

2. 千万不要层次混乱，请参照之前所讲思维导图的底层逻辑去理解应用；

3. 千万不要当成绘画，思维导图，思维在前图在后，图像是为关键词服务的，达意即可无须完美；

4. 千万不要为画而画，思维导图因思考而生，因解决问题而用，画图

图1–32 思维导图绘制总原则

只是一种形式，解决问题才是最终目标。

思维导图绘制的总原则总结如图 1–32，供同学们在绘制思维导图的时候作为参考。

思维导图是处于金字塔底端、人人都能学会的一种高效思维工具，同学们按照老师提供的方法和步骤多加练习，慢慢地就会变成你的一项技能啦。这一节的小任务是一起来找碴儿：仔细观察图 1–33（A）和图 1–33（B），找出其中表达不正确的地方，并予以改正。

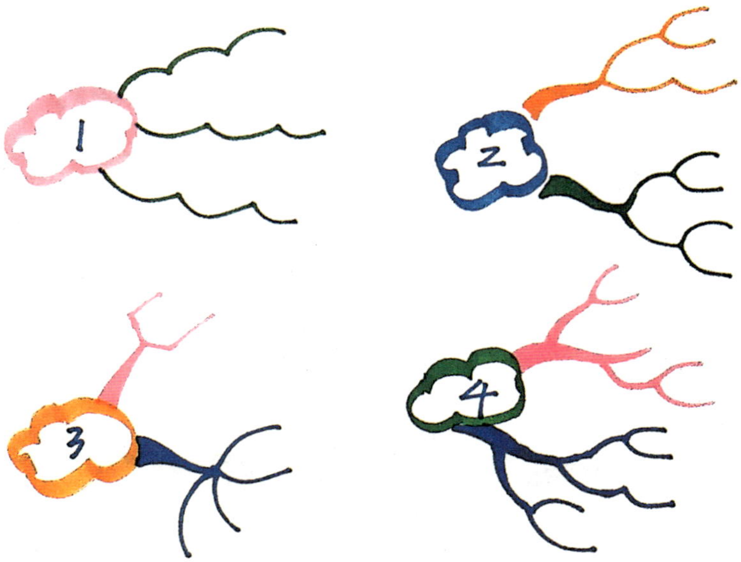


图1-33（A）小任务：一起来找碴儿

图1-33（B）小任务：一起来找碴儿

# 用思维导图阅读名著

这一节的主题是“用思维导图阅读经典名著”，也就是把一本书读成一页纸，用思维导图进行整本书的输出。经典名著思维导图的绘制包括全书思维导图、章节思维导图，每幅思维导图都附以简短的文字，用以提示思维导图的主要内容，激发读者兴趣。每幅思维导图都给予详细的解析，帮助同学们加深对经典名著的理解和学会绘制经典名著思维导图。本书选择了本学段学生的必读经典名著，每部名著绘制了 4 至 8 幅思维导图，起到举例的作用，最终还是引导学生学会读书、自己绘制。真正的乐趣还是在自己绘制思维导图的过程中。

阅读分析的思考角度有两个，一个是遵从著作的原意，一个是按照自己的需求。思维导图考级和世锦赛阅读分析都是第一种方式，从作品原意出发。

本书绘制的思维导图是一书一图或者一章一图，大部分是按照第一种方式绘制，也有灵感迸发的思维导图。

经典名著阅读思维导图的具体绘制步骤以作品《小王子》为例进行呈现。

**第一步：快速阅读，了解整本书的主旨大意**

我们的习惯是拿到一本新书就从头到尾开始阅读，这是不正确的阅读方法。正确的做法是：

1. 先浏览书的外围信息即书名、封面和封底，判断书的题材和主题；

2. 了解作者和目录，了解作者写作章节架构；

3. 浏览序言，了解书的来龙去脉、创作背景，辅助理解整本书的主要内容和结构框架；

4. 时间把控在 3—5 分钟内，这是按照参赛标准要求，有难度，所以每一步都设定具体的时间。

**第二步：绘制草图（精读），如图 1-34（A）**

在了解整本书的大意后，第二步是精读，并且要边读边绘制草图。

1. 确定中心图：可使用书中的插图，更为切题，为了节省时间只需确定，不用画在草图上；

2. 确定主干：通过目录以及章节的内容概括提炼。像《小王子》没有目录，那就需要边读边根据故事情节确定主干内容及个数；

3. 拓展分支：提取关键词，关注文中的标题、粗体，以及“首先”“其次”“最后”和“开头”“结尾”等关键字眼，当文中没有合适或者明确的关键词，就用自己的语言概括提炼；

4. 要求：边读边绘制思维导图。

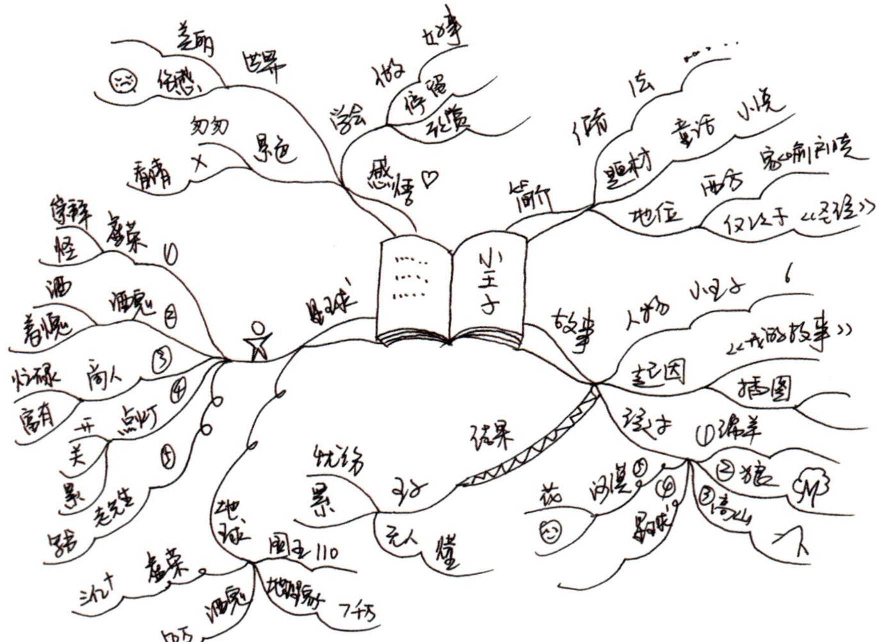


图1-34（A）《小王子》草图

第三步：成图，用时最长的一步，如图 1-34（B）

按照思维导图的绘制步骤，参考草图关键词内容，从中心图开始逐步完成。在此需要做到：

1. 内容：切题、点题，主次分明、重点突出、结构清晰；

2. 符合思维导图的规则；

3. 完善和美化导图（图像、代码、关联）。按需出图，可以是一书一图，也可以根据需求和重要程度绘制成一书多图，就是把你认为最重要，或者你觉得最难理解的段落或者章节单独绘成一幅思维导图。

名著阅读中绘制思维导图的步骤是不是很简单？一开始因为不熟悉，会比较慢一些，所以练习初期可以多绘制，熟能生巧，习惯成自然。

图1-34（B）《小王子》成图

# 第二章
# 名著导图

# 《朝花夕拾》

## 琐记

### 内容介绍

《琐记》记叙了鲁迅家道衰落后，在故乡绍兴、南京以及日本求学的人生历程。

### 导图解析

这幅思维导图绘制了鲁迅的散文集《朝花夕拾》中的《琐记》，中心图描绘了鲁迅先生在学堂上学的情景。

思维导图按照求学经历的地点分为五部分：绍兴、中西学堂、水师学堂、矿路学堂和日本。

第一部分：绍兴，鲁迅先生的故乡。这部分叙写了两个人：衍太太和沈四太太。这部分围绕使坏，写了衍太太的四件事。第一，冬天，衍太太让孩子吃水缸里结的冰。第二，衍太太让孩子看不健康的书。第三，衍太太鼓动孩子打旋，结果孩子跌倒了，反而说孩子不听她的话。第四，衍太太鼓动作者偷母亲的首饰。其实作者没有去偷，衍太太反而造谣说作者变卖家里的东西。沈四太太，不让孩子吃冰，说会“肚子疼”。吃冰，添加了图像，形象可感。流言，加了图文框，强化重点。

第二部分：中西学堂。第二个分支，“笑骂”“全城”，实际的意思是全城的人笑骂中西学堂。按照思维导图的原则，这里二级分支的关键词都是动词，所以就把“全城”“笑骂”颠倒一下顺序。秀才们收集“四书”里的句子，写了一篇八股文嘲诮中西学堂。这篇名文成了全城人的话柄。

## 思维导图

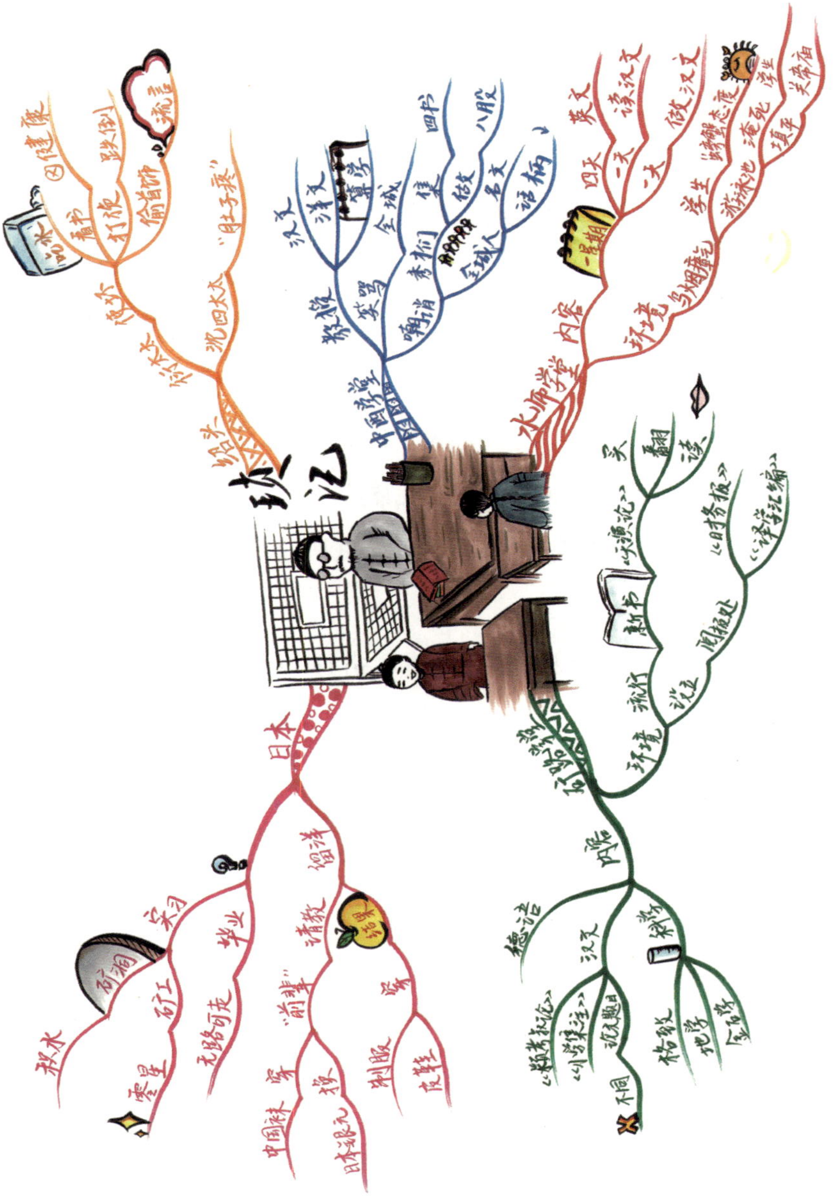


图2-1 琐记

算学，添加了算盘珠的图像；全城人，绘制了五个人的各色头像，皆是化抽象为形象。

第三部分，水师学堂。作者讽刺了“无需学费”第一所学校——江南水师学堂，突出了它的乌烟瘴气，点明了转学的原因。一星期，添加了日历图像。螃蟹的图像，生动逼真，突出了学生的螃蟹态度。因为学校的游泳池曾淹死学生，就填平了，在上面盖起了关帝庙。

第四部分，矿路学堂。这部分叙写鲁迅在南京就读的第二所学校——矿路学堂的情形，以及作者对《天演论》的喜爱。作者通过学校教材与《天演论》的对比，写出了《天演论》的新鲜有趣。试管的图像，代表科学。新书的图像，表现了作者思想的新潮。

第五部分：日本。问号，表示无路可走。去日本之前，作者先在矿路学堂的矿洞实习，那里只有零星矿工。“留洋”分支里提到的“前辈”，是指游历过日本，比作者早毕业一年的学生。红唇的图像，化抽象为形象，易于记忆。

阅读思维导图大纲主干顺序从右上角，沿着顺时针阅读。比如这幅思维导图依次是：绍兴—中西学堂—水师学堂—矿路学堂—日本。

# 藤野先生

## 内容介绍

《藤野先生》深情地回忆了最使作者（鲁迅）感激、怀念，又满怀愧疚的日本老师——藤野先生。多年过去了，鲁迅仍然念念不忘，因为在作者看来："在我所认为我师的之中，他是最使我感激，给我鼓励的一个。"

## 导图解析

《藤野先生》是初中语文教材的保留篇目。中心图描绘了黑瘦、八字须、戴着眼镜的藤野先生给学生讲课的情景。

思维导图按照事件发展的顺序分为四部分：相识、相处、离别、怀念。

第一部分：相识。眼睛没有眼珠的图像，表示未见。叙写作者见到藤野先生之前，先来到东京的所见所闻。花瓣、辫子的图像，增加了形象感。蚊子的图像，表现了作者来到仙台的恶劣环境。初见，眼镜和音乐符号的图像，强化了记忆。

第二部分：相处。这部分叙写了藤野先生的四件事，表现了他认真的工作态度，对学生的严格要求，毫无民族偏见的品质。讲义，添加了图像。羽毛笔的图像，表示订正。爱心的符号，表现了藤野先生对作者这个中国学生的和蔼态度。手舞足蹈的图像，突出了藤野先生对作者敢于解剖的高兴程度。叹息符号，表现了藤野先生对不能亲眼见到中国女人裹脚情形的惋惜。

第三部分：离别。这部分叙写作者因为匿名信和看电影事件，认识到日本学生对中国学生、中国人的歧视，认识到中国人的麻木，于是决定弃医从文，来唤醒中国人。警醒牌的图像，表现了作者的醒悟。叹气的图像，

## 思维导图

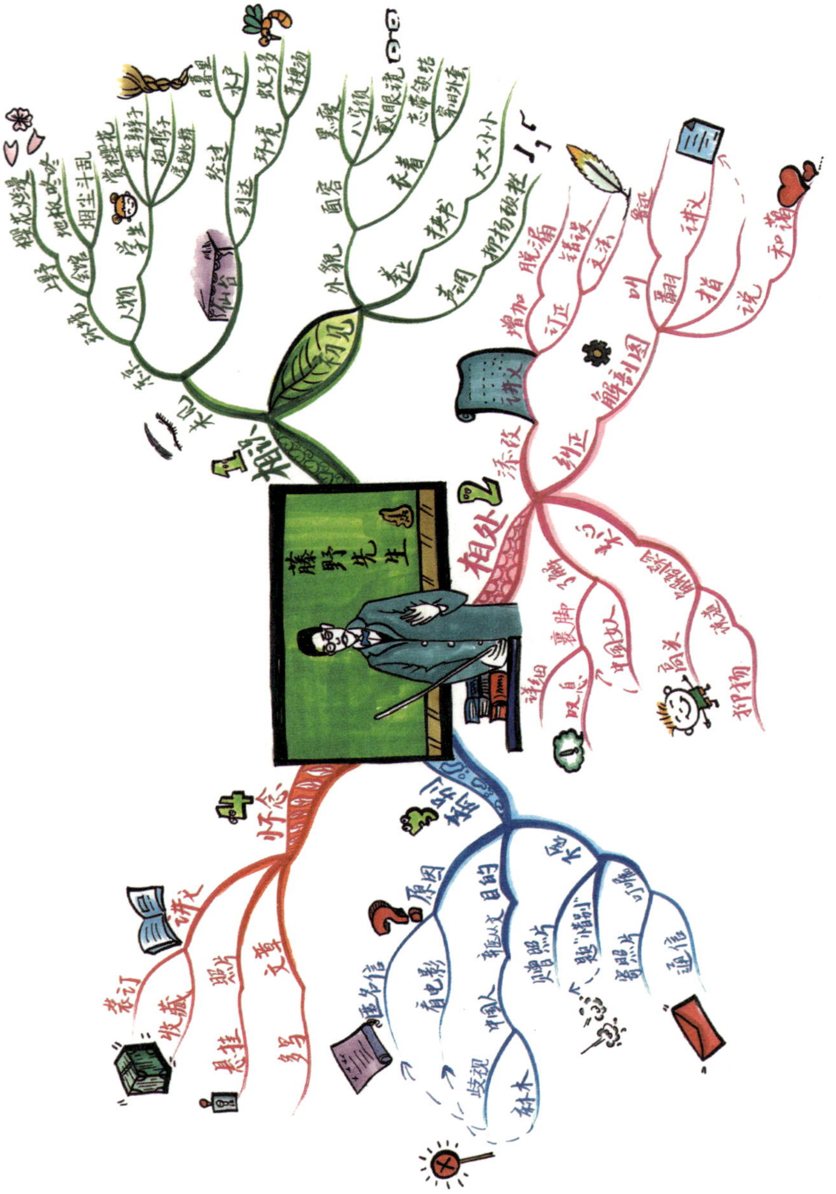

图2-2 藤野先生

表示藤野先生对作者的留恋。

第四部分：怀念。这部分叙写作者收藏讲义、悬挂藤野先生的照片、写文章来表达对藤野先生的怀念。箱子的图像，形象地突出了作者对藤野先生的怀念之情。

这幅思维导图主干运用艺术数字表示阅读顺序，值得学习和借鉴。

# 五猖会

## 内容介绍

五猖会，难逢的盛大的赛会，作者热切盼望，却被父亲阻难，叫作者背书。最终父亲允许作者参与这场盛会，但作者的热情却再也燃不起来了。

## 导图解析

这是鲁迅先生的散文集《朝花夕拾》里《五猖会》的思维导图。中心图描绘了作者想象中五猖会热闹的场景，各种各样身份的人齐聚一堂，正在欣赏热热闹闹的赛会。

思维导图以五猖会为线索，分为四部分。

第一部分：童年的五猖会。闹钟的图像，表示时间。这里表现了童年的作者等待迎神赛会的急切心情，与十几个人抬着神像、匆匆而过时作者的失望形成对比。

第二部分：明社的五猖会。《水浒传》的图像，表示明社的五猖会表演的内容，突出了豪奢的主题。

第三部分：亲见的五猖会。“塘报”“高照”“高跷”“扮犯人”是作者亲见的五猖会表演的项目。太阳升起的图像，突出了重点项目“高照”。“×”表示这次亲见的五猖会与作者没关系。其实表达的是作者不能参与表演，感到遗憾。

第四部分：东关的五猖会。这部分是重点，按照作者观看东关五猖会的心理变化分为四层：兴奋、无奈、扫兴和痛苦。兴奋，添加了图像，突出了主题。这部分详写了去看五猖会前的准备工作。无奈，添加了图像，化抽象为具象。父亲此时让作者背书，简直是浇了作者一盆冷水。铁钳夹

## 思维导图

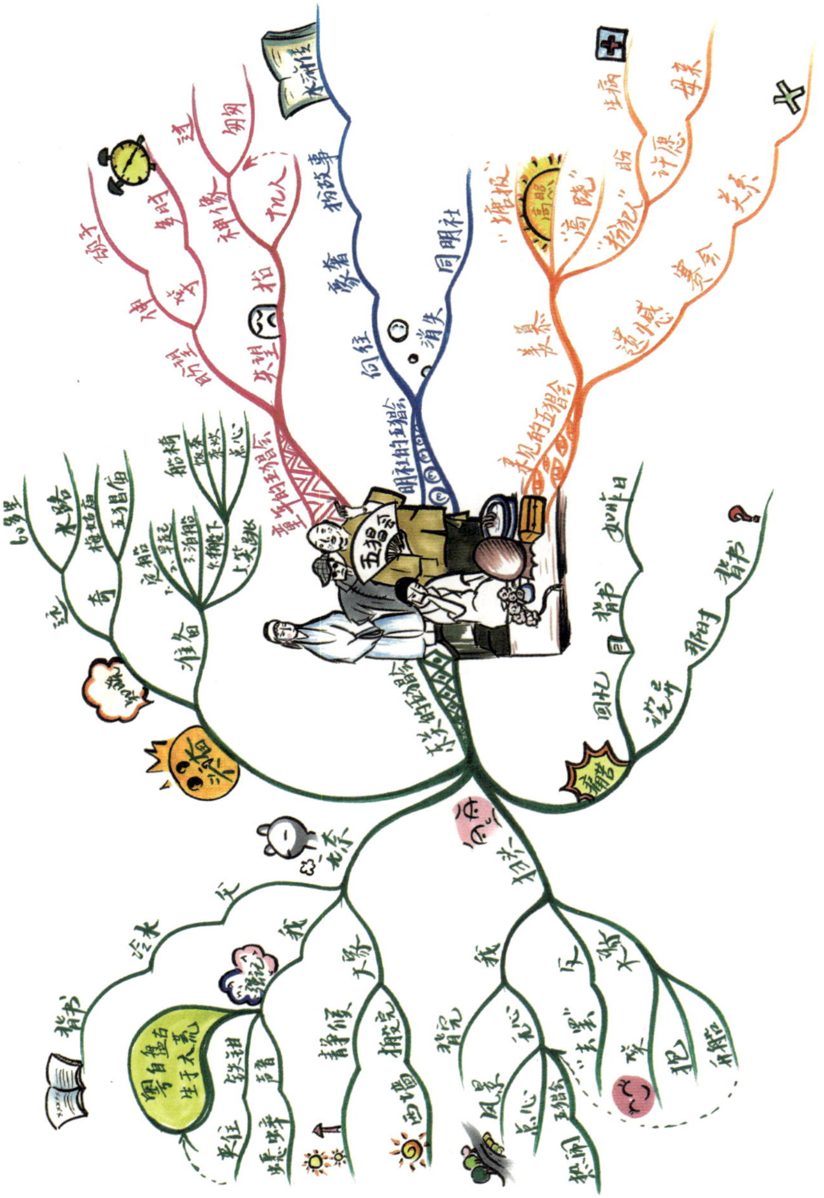

图2-3 五猖会

住，表达了作者着急背书的心情。蟋蟀的比喻，表现了作者此时的痛苦。太阳升起的图像，表示大家等候时间之长，从侧面说明作者背书时间之久。“风景”的插图、“大家”笑脸的符号，反衬了作者扫兴的心情。痛苦，加了警醒的符号，突出主题。问号，意思是叩问父亲为什么那时让作者背书，表达了作者没能好好地看那场五猖会的痛苦回忆。

图像，包括插图、图标、符号、代码和图像字等。同学们绘制思维导图的时候，要学会灵活运用。

# 阿长与《山海经》

## 内容介绍

作者渴慕着绘图的《山海经》，太过于不忘了，连阿长也来问《山海经》是怎么一回事。她告假回家以后的四五天，穿着新的蓝布衫回来了，一见面，就将一包书递给作者，高兴地说道："哥儿，有画的'三哼经'，我给你买来了！"

## 导图解析

这是鲁迅先生的散文集《朝花夕拾》里《阿长与〈山海经〉》的思维导图。中心图描绘的奇珍异兽，光怪陆离，充满想象。山河波浪，动感强烈，张力十足。

思维导图按照事件的发展和作者对阿长态度的变化分为六部分。

第一部分：不佩服。二级分支关键词从三个方面表现阿长的作为。喜欢，添加了爱心图，突出了阿长不好的习惯。管束严，是指不让作者走动，说作者顽皮。阿长睡觉的时候，身体摆出个"大"字，挤得作者不能翻身。在母亲问了阿长这事后，阿长反而挤得更厉害了。

第二部分：不耐烦。写有"福"的橘子图像，表示祈福。阿长的道理是：人死了，说老掉；死了人、生了孩子的房子，不能进；饭粒，掉在地上拣起来吃掉；不钻晒裤子的竹竿。

第三部分：空前敬意。这部分叙写阿长给作者讲长毛的故事，使得作者对阿长产生了空前的敬意。跑的图像，表示逃走。鸡蛋裂开的图像，表示胆破。这里的"进门""掷过"是指长毛。当老妈子诉饥饿的时候，长毛掷过门房的头，笑着说："这东西就给你吃了罢。"

## 思维导图

图2-4 阿长与《山海经》

第四部分：敬意失。阿长谋害了隐鼠，作者对阿长的敬意完全消失了。刀子的图像，突出了谋害。作者严厉地责问阿长，从此当面叫她阿长，表达了作者对阿长的“报复”。连接的虚线表示责问阿长。

第五部分：新敬意。因为阿长买来了《山海经》，作者对她的敬意又失而复得。这部分围绕《山海经》，叙写了事情的起因、经过和结果。起因是作者渴慕，念念不忘。经过是阿长问作者，回家给作者买来了“三哼经”。结果，添加了苹果的图像，运用顾名思义法。

第六部分：深怀念。这里绘制了立体的图文框，突出了文章的中心思想。

思维导图的图文框，一般运用于字数多且是重点的地方。

# 从百草园到三味书屋

## 内容介绍

在百草园里，有美景，有趣事，还有美女蛇的神秘故事。在三味书屋里，听先生摇头晃脑地读书，做游戏，画画儿，溜进小园寻蝉蜕。光阴带走的是童年，留下的是美好。

## 导图解析

鲁迅先生的《从百草园到三味书屋》，也是初中语文教材的保留篇目。中心图描绘了三味书屋的老师教训学生的情景。

思维导图分为四部分：作者、出处、百草园、三味书屋。

第一部分：作者。发光的灯泡，表示想法，这里指思想家。

第二部分：出处。《朝花夕拾》添加了落花的图像，形象易记。

第三部分：百草园。这部分从捕鸟、听故事和赏景三个方面，突出了百草园是乐园这一主题。一个人远远地拉支起竹筛的插图，形象地表现了捕鸟的过程。麻雀的图像，形象逼真，如在眼前。听故事，光头的图像，表示和尚。大脑的图像，表示脑髓。赏景，添加了太阳的笑脸图像。菜畦、皂荚树的图像，有助于关键词的理解。黄蜂、蝉、覆盆子的插图，增加了思维导图的形象感和美感。

第四部分：三味书屋。这部分叙写了作者在三味书屋读书的经历。两只脚印，表示走进。一块扁，添加了图文框。一幅画，添加了画的图像。黑色的“孔子”图文框，表示孔子的牌位。彩色的球，表现了孩子的顽皮天性。画画，用了图文框，突出重点。

这幅思维导图，百草园部分，是围绕主题、按照事件来提炼分支关键

## 思维导图

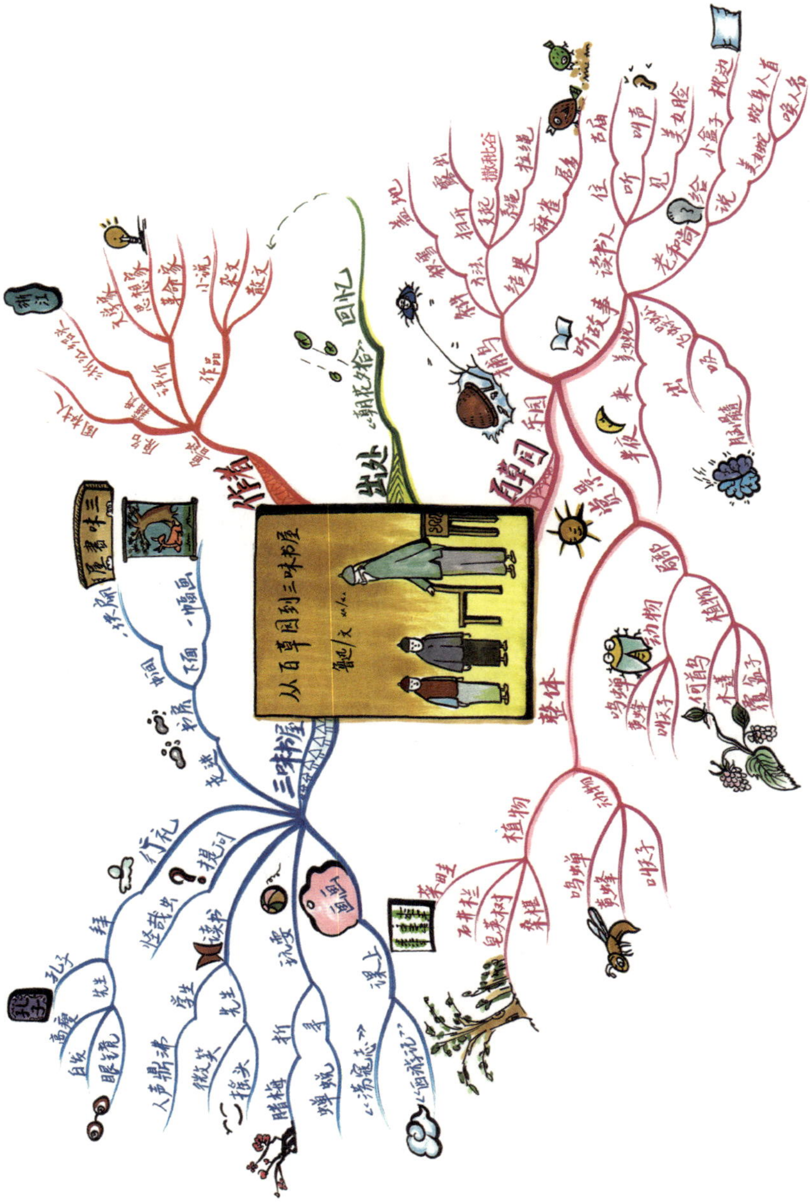


图2-5 从百草园到三味书屋

词。三味书屋部分，则是按照作者活动的先后提炼分支关键词。由此可见，可以根据具体内容的逻辑特点来提炼思维导图的分支关键词，力求达到突出主题、强化记忆、加深理解的目的。

# 父亲的病

## 内容介绍

文章回忆了在作者儿时，江湖庸医为父亲治病的情景，描述了几位“名医”的行医态度、作风、开方等种种表现，揭示了这些人巫医不分、故弄玄虚、草菅人命的实质，同时表达了作者对父亲的不舍与愧疚之情。

## 导图解析

这是鲁迅先生的散文集《朝花夕拾》里《父亲的病》的思维导图。中心图描绘了所谓“名中医”给父亲诊病的那副泰然的神态。

这幅思维导图按照文章的人物形象分为四部分。

第一部分：名中医。这部分依据事件划分为两层：故事和父病。故事，按时间顺序叙写了诊费的昂贵。通过具体事例进一步突出了诊费的昂贵，而“名中医”初诊，只是草草一看。复诊，对病人冷冰冰，也不把脉。父病，这位“名中医”每隔一天，来为父亲诊病一次，持续了两年。每次1.4元，在那时也是巨款了。这里添加了一口袋钱，突出了巨款。结果病情逐日厉害。

第二部分：陈莲河。“名中医”推荐了陈莲河。“不同”，增加了图像，讽刺了陈莲河的不同而同的特点——骗人的方式不同，骗人的目的相同。这部分叙写了陈莲河的药引、药物、诊费、开方神态和父亲病危，表现了陈莲河的骗子形象。还通过描写他坐轿的阔气，办康健报，为西医奋斗的事例，进一步突出了他是个地地道道的骗子。

第三部分：衍太太。这部分是写父亲病死后，衍太太的礼节。换衣服，添加图像，形象可感。喇叭的图像，突出了叫父亲的声音要大。

## 思维导图

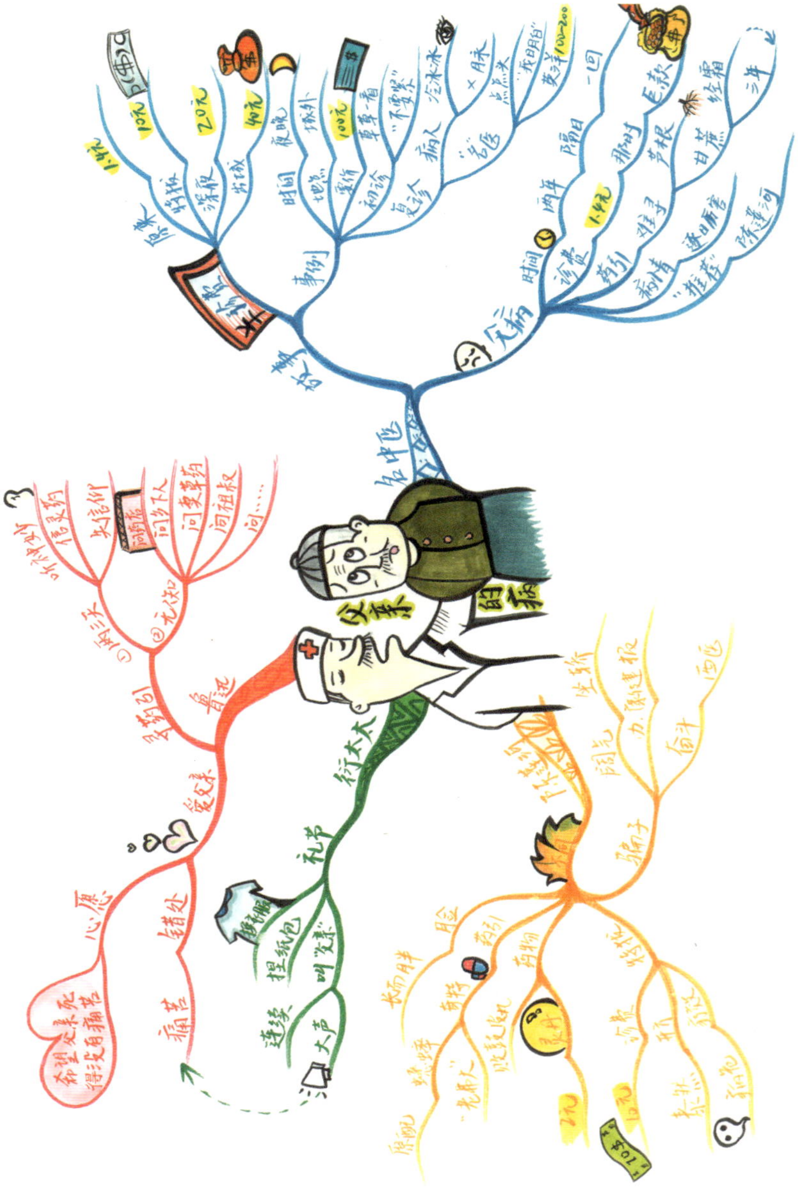

图2-6 父亲的病

第四部分：鲁迅。这部分叙写了作者寻找所谓的神妙药引，问了好多人都不知道。爱心的图文框，突出了“心愿”。

这幅思维导图，1.4 元、10 元、20 元、40 元、100 元、100—200 元，都涂了相同颜色，突出了这个“名中医”的要价越来越高，骗钱上瘾。同类内容，涂抹相同颜色，也是思维导图绘制的好方法。

# 《西游记》

## 《西游记》全书

### 内容介绍

《西游记》是中国古代第一部浪漫主义题材章回体长篇神话小说。作品以唐僧、孙悟空等师徒四人去西天取经为整个故事的线索，着重刻画了孙悟空、猪八戒、沙僧三人保护唐僧西行取经，一路降妖伏魔，历经九九八十一难，终于到了西天见到如来佛祖，最终五圣成真的故事。

### 导图解析

这是《西游记》全书思维导图，中心图描绘了在太阳的照耀下，唐僧、孙悟空、沙僧和猪八戒，师徒四人前往西天取经的情景。

思维导图按照全书故事情节的发展分为六部分。

第一部分：猴王出世。这部分从出世、称王和拜师三方面叙写。花果山、仙石，绘制了插图，形象美观。水帘洞石碣的对联，绘制了石碣图像，对联写在石碣上，突出了重点。72 变，运用警醒的符号，为后文孙悟空大闹天宫、保唐僧西天取经等做了铺垫。云彩的图像，使得筋斗云形象化，有助于理解。

第二部分：大闹天宫。这部分提炼了一系列动词，描写孙悟空大闹天宫的过程。这里的告，是指东海龙王和地府阎王向玉帝告发孙悟空；封，是指玉帝封孙悟空为弼马温；树，是指孙悟空觉得被骗了，回花果山，树齐天大圣的旗帜；败，是指玉帝派天兵天将捉拿孙悟空，失败了，于是玉帝封孙悟空管蟠桃园；压，是指孙悟空被如来佛压在五行山下 500 年。齐

## 思维导图

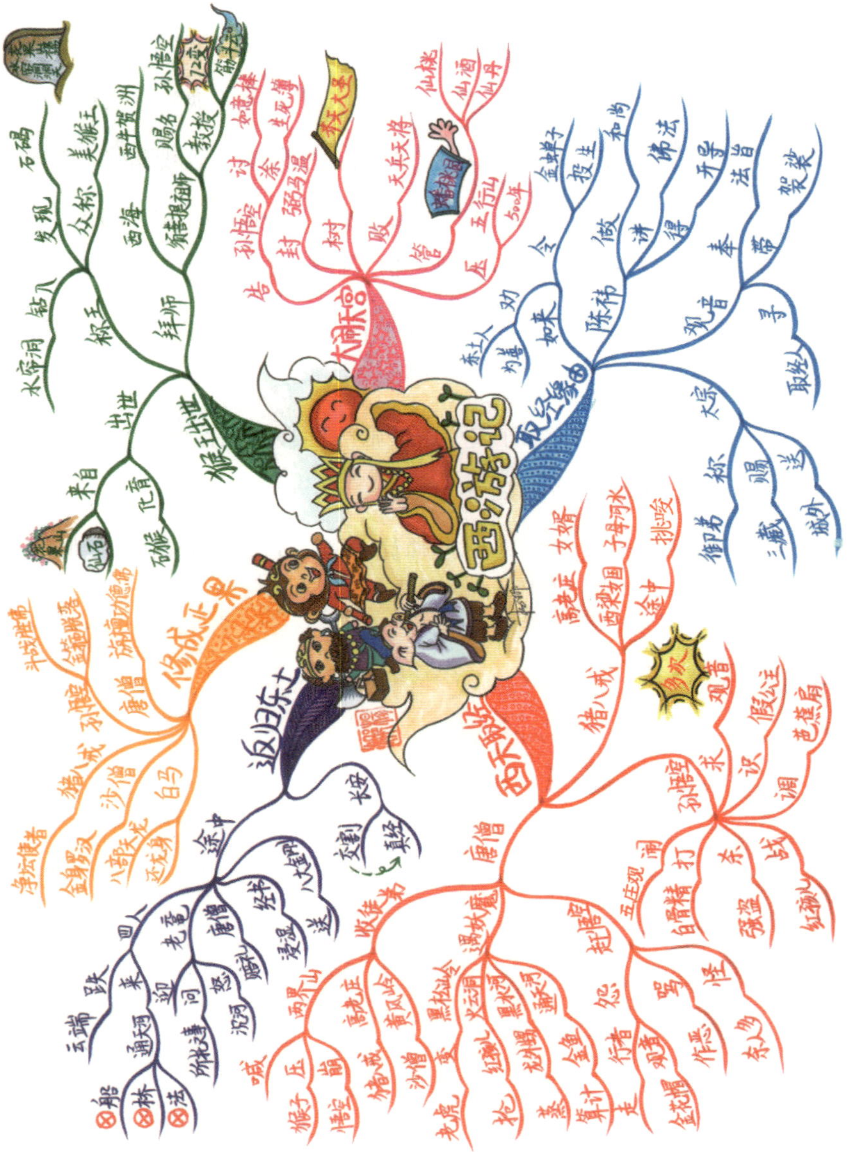


图2-7《西游记》全书

天大圣的旗帜，图像替代。蟠桃园，运用图文框。

第三部分：取经缘由。思维导图叙写的人物关系是：金蝉子转世为陈祎，做了和尚。观音奉如来法旨，找到取经人陈祎。唐太宗赐号陈祎为三藏，亲自送到城外。取经的缘由是劝东土人为善。

第四部分：西天取经。这是全书的重点，思维导图选取重点人物和主要事件绘制。先写唐僧收徒弟、遇妖魔、赶悟空三件事，表现唐僧的性格特点。再写孙悟空的七件事，表现了孙悟空一路斩妖魔、斗鬼怪的英雄气魄，保唐僧西天取经的赤胆忠心。也写了猪八戒的高老庄做女婿、喝子母河水怀孕、取经途中挑唆唐僧几件事，为全书增添了趣味性。多次，添加了警醒符号，引发读者的思考。

第五部分：返归东土。这部分叙写唐僧师徒四人返回途中，再遇一难，凑足九九八十一难，方可修成正果。

第六部分：修成正果。最后，唐僧师徒各自受封，白龙马变回龙身，被封为八部天龙。

# 孙悟空三打白骨精

## 内容介绍

唐僧师徒一行四人取真经，行至老虎岭前。在此处，原来居住着一种尸魔名叫白骨精。为食唐僧肉，白骨精相继幻化成仙姑、老妇、老翁，不过均被孙悟空识破。但师父唐僧却不辨人妖，反而严厉斥责孙悟空恣意行凶，连伤母女二命并触犯戒律。而在白骨精第三次化为老翁并被孙悟空识破后，唐僧写了一纸贬书，把孙悟空赶回了花果山。

## 导图解析

孙悟空三打白骨精是《西游记》的精彩故事之一，可谓家喻户晓，历来受到人们的喜爱。

这部分内容，我们依然采用小说结构七步法解读。

中心图描绘了白骨精的三变，从仙姑到老妇、老翁，孙悟空手持金箍棒欲打之恨，表现得淋漓尽致。

第一部分：目标。主干插图是爬山，前面有旗帜，表示向目标前进。这部分内容为孙悟空保护唐僧西天取经，是总目标。

第二部分：阻碍。白骨精采用美人计、苦肉计、连环计三戏唐僧，诱使唐僧入套。美貌仙姑、八旬老妇、白发老翁的三变头像，符合人物特征，易于记忆。

第三部分：努力。孙悟空的腰带延伸为主干线条，富有创意。这部分具体描写了白骨精使用三计的过程：美人计，提炼关键词摇身、送饭、巧言；苦肉计，提炼关键词拄、哭；连环计，提炼关键词口诵、南王经。似乎是真事，实际有破绽。这正是作者的巧妙安排。孙悟空“努力”的三打，

## 思维导图

图2-8 孙悟空三打白骨精

富有变化，前两打，痛恨之打，从劈脸、引看可知。第三打，就需要斟酌了，并且请土地神作证。因为唐僧被白骨精所迷惑，不相信，孙悟空害怕师父念紧箍咒。三打的变化，写出了孙悟空的心理变化，也写出了唐僧的迂腐，从侧面突出了白骨精的狡猾。可谓一箭三雕。三打之后，孙悟空让唐僧看所谓的白骨夫人，就是一堆骷髅。此时，师父似乎相信了。插图 18 岁像朵花，80 岁像老树墩，对比鲜明，引发想象。

第四部分：结果。白骨精被打死，似乎扫除了取经路上的障碍。

第五部分：意外。主干插图九齿耙，突出猪八戒的挑唆作用。一波未平，一波又起。这部分描写了唐僧听信猪八戒的挑唆，赶走孙悟空。重点抓住猪八戒的“唆”，唐僧的“赶”，塑造了猪八戒的呆，唐僧的愚，为孙悟空重回花果山做了埋伏。手捂眼睛的图像，表示障眼法；唐僧头像，前面烟雾，表示迷惑了师父；“寻”加老翁头像，表示父亲寻找。卷轴，表示贬书；爱心裂开，表示无心；问号，突出了唐僧的执迷不悟。这些插图对关键词的表达作用，可谓是锦上添花。

第六部分：转弯。主干插图人的头像和弯曲箭头，表示唐僧开始回心转意。孙悟空走后，唐僧师徒来到黑松林，再度遇到妖魔。唐僧被掳宝象国，开始醒悟，思念孙悟空。猪八戒上花果山请孙悟空，采用激将法。黑松林、宝象国、花果山均用图像，表示地点的转换、空间的变化、人物的活动场景。

第七部分：结局。主干插图，手托礼盒，表示感谢。孙悟空智降妖怪，唐僧感激不尽。

结果，是阶段性终了或者事物发展的后续影响。结局，是收场，故事情节的最后结束。

这里采用小说结构的七步解读法，为同学们阅读其他小说提供了一个规律性的方法。

# 孙悟空大战红孩儿

## 内容介绍

红孩儿因要吃唐僧肉，而变作婴儿喊“救命”，在阴谋得逞后，把唐僧捕捉到了火云洞。悟空经多方打探，知红孩儿乃是五百年前与他结拜的兄长牛魔王之子，欲借此关系向他讨要师父。可无奈的是，红孩儿并不相信孙悟空所说的，并从嘴鼻处喷射火焰烧退孙悟空、猪八戒。孙悟空邀请龙王兄弟给红孩儿浇水，可大雨却浇不灭红孩儿的三昧真火，反而把悟空熏得够呛。而八戒也被派出去找观音，却被红孩儿用假变的观音骗进了山洞。后来悟空将计就计，变作牛魔王，但不想又被红孩儿问出了破绽。不得已之下，翻了个筋斗云径投南海，最后由观音收服了红孩儿。

## 导图解析

孙悟空大战红孩儿也是小朋友们喜欢的故事。中心图描绘了红孩儿口吐火焰、孙悟空招架不住的情景，夸张、神奇、动人心魄。

第一部分：目标。主干关键词采用美术字，手法灵活。插图粗而弯曲的箭头，指向靶心，表示目标。

第二部分：阻碍。主干插图是编织的彩绳。孙悟空怕火，这是大战红孩儿的最大障碍。三昧真火，大大的火苗图像，刺眼醒目。

第三部分：努力。主干插图，伸出胳膊，攥起拳头，表示努力。孙悟空不怕水，而红孩儿怕水，所以孙悟空借来龙兵，喷水如下雨。猪八戒举起九齿耙，帮助孙悟空。雨，图像代替。

第四部分：结果。主干插图，绿绿的苹果，表示结果。红孩儿喷烟火，大圣招架不住，火气攻心，三魂出舍，投入水中，差点丧命。

## 思维导图

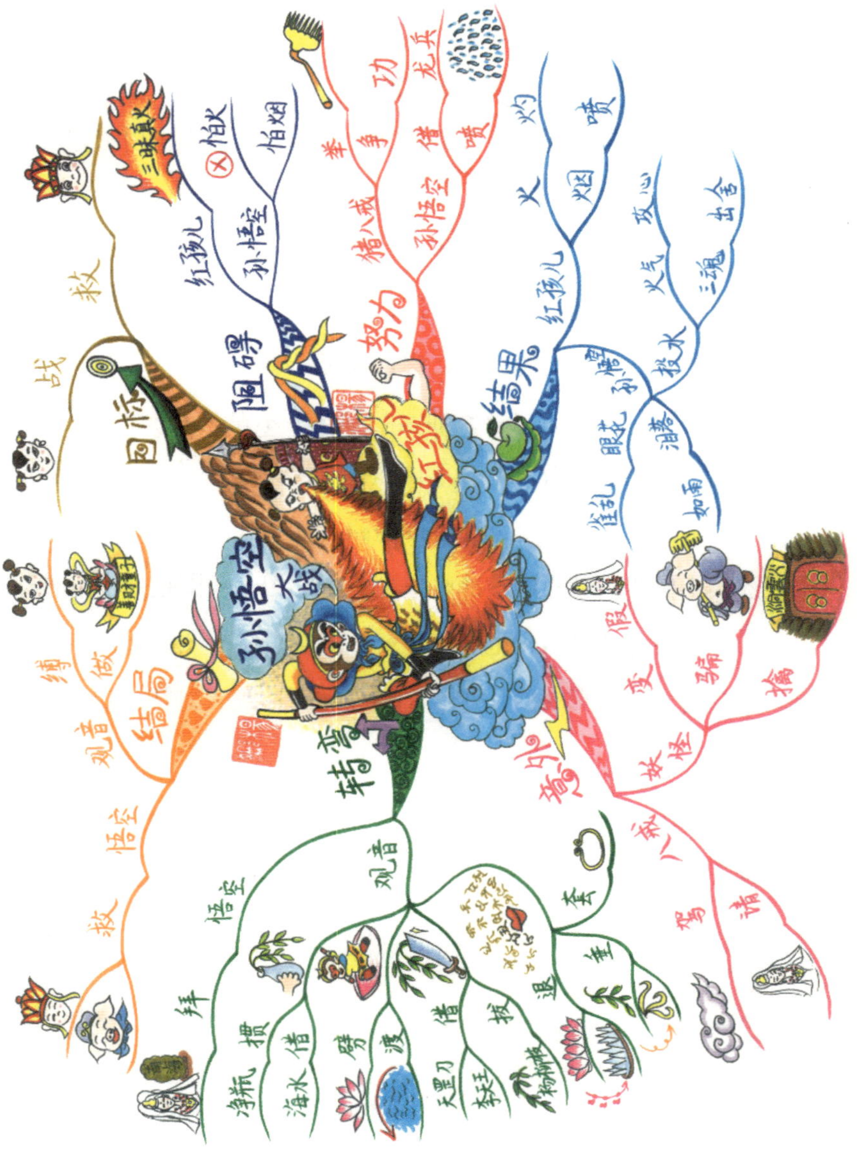


图2-9 孙悟空大战红孩儿

第五部分：意外。主干插图闪电，表示意外。这部分围绕八戒和妖怪展开。八戒请菩萨帮助，妖怪变假观世音，骗了猪八戒，猪八戒被擒。插图猪八戒，憨态可掬；火云洞图像，门上采用美术字，门周围是烟火，使得火云洞的形象直入内心。

第六部分：转弯。主干插图是转弯的箭头。俗语说，师徒有难，菩萨出现。齐天大圣本事再大，还得请菩萨帮助。这部分很精彩，用图像表示四件事。第一件，观音菩萨借海水，掼净瓶，因为红孩儿怕水。第二件，孙悟空踏莲花瓣过海，劈莲花为船，想象奇特。第三件，观音菩萨借天罡刀，拔杨柳枝。第四件，观音菩萨念咒语，战红孩儿。退莲台、出刀尖的图像，突出观音菩萨战红孩儿的特点，想象神奇。

第七部分：结局。主干插图彩条捆起卷轴，表示结局，图像示意法，新颖别致。观世音收红孩儿做善财童子，不是杀死，体现了观世音的菩萨心。孙悟空救出师父和八戒，继续踏上取经路，这个故事圆满落幕。

思维导图，不仅线条色彩讲究冷暖搭配，中心图、插图也要求三种颜色以上，目的是刺激眼球，强化记忆和理解。这幅思维导图很好地达到了这一要求。希望同学们认真观察，用心体会，以便自己在绘制思维导图时，正确、灵活运用。

# 真假美猴王

## 内容介绍

唐僧师徒一行到了西梁女国，女王见唐僧甚是英俊，欲以身相许。但悟空用计稳住了女王，并乘机将通关牒文拿到手中，四人逃走。后六耳猕猴假扮成孙悟空想去取经，并有意在唐僧师徒面前打死人，最后唐僧将悟空给赶走。孙悟空被六耳猕猴一次又一次纠缠，于是开始了恶斗。虽然玉帝曾命令停止战斗却未果。一直打到了灵山上，在如来佛祖的眼前，六耳猕猴自食恶果，现了原形。唐僧懊悔自己错怪了悟空。师徒四人便重新踏上前往西天取经的漫漫长途。

## 导图解析

真假美猴王也是《西游记》的精彩故事之一。中心图描绘了真假美猴王腾云驾雾、手持金箍棒打斗的情景，体现了主题。

第一部分：目标。当前目标，辨识真假美猴王。长远目标，保唐僧西天取经。辨，绘制了放大镜，采用示意法。保，绘制了唐僧的头像，下面辅以“保”，意思是保唐僧，组合表意法。

第二部分：阻碍。取经路上，孙悟空因为打死强盗，再次被唐僧冤枉、驱逐。假悟空趁机打晕唐僧，抢走了他的包袱。漫漫长路，又遇阻碍。强盗，添加了图像。唐僧被打晕，在头像上加了晕圈，表示打晕。两个插图，形象直观。

第三部分：努力。这部分重点突出了大圣求、沙僧拜，体现努力这一主题。导图绘制了花果山、落伽山、降妖杖的插图，图文并茂，冲击视觉。

第四部分：结果。水帘洞和放大镜的组合图，意思是在水帘洞分辨真

## 思维导图

图2-10 真假美猴王

假美猴王。

第五部分：意外。二级分支插图两颗心手握金箍棒，打在一起，代表的是二心搅乱。三级分支提炼了地址关键词落伽山、天门、草舍和地府，从上到下，从菩萨念紧箍咒、李天王用照妖镜到阴君说难擒捉，充分展现了假美猴王的超强本领。这些地址都辅助插图，来激活大脑，产生关联，辅助记忆。嘴的符号加“×”，表示不说破。翻开生死簿，都是“×”，表示无名。

第六部分：转弯。世上无难事，只等转机来。如来佛认识这是六耳猕猴，用金钵盂套住。此时的假美猴王变回原形，头像不同于孙悟空了。如来、金钵盂的图像，灵动而有创意。

第七部分：结局。二级分支人物假悟空、八戒、唐僧。最终唐僧再次收孙悟空为徒，师徒继续前行，直奔天竺。这里假悟空是被孙悟空打死的。请关注三个插图，相信你能明白它们的意思。

《西游记》的几幅思维导图采用小说结构七步阅读法，是不是已经给你留下了深刻的印象？你也试着用这个方法读其他经典名著吧。

图像是一幅完美思维导图的重要标志之一，但我们在实际绘制的时候，不必如美术基础扎实的老师、同学那样，只在重要的、抽象的、难懂的和易忘的地方添加简笔画就好。不然的话，好多同学可能会被图像难住，从而放弃了学习运用思维导图这一高效的思维工具。

# 孙悟空三调芭蕉扇

## 内容介绍

火焰山是师徒四人西天取经必由之路。但火焰山的火焰并非普通的火焰，而是只有铁扇公主身上的芭蕉扇才能扇灭。孙悟空第一次向铁扇公主借扇，但无奈被铁扇公主一扇子扇飞了。之后孙悟空化成小虫子钻进铁扇公主的肚子里折腾，铁扇公主又送了一把假扇给孙悟空。孙悟空又变成牛魔王的样子把真扇骗到了手中，但牛魔王却将计就计变猪八戒骗回了真扇；之后孙悟空与牛魔王大战，把牛魔王打得现出原形。孙悟空终于拿到芭蕉扇，扇灭山火，师徒四人继续西行取经。

## 导图解析

这幅思维导图分析的是《西游记》中孙悟空三调芭蕉扇的故事，包括三回内容，力求故事完整。中心图把故事的主要人物孙悟空、铁扇公主、牛魔王，主要事物火焰山、芭蕉扇都展现了出来，构成一幅栩栩如生的画面，即使不看原文，也差不多知其内容了。

第一部分：目标。主干是一支羽毛箭插入靶心的图像，凸显目标。这部分交代了当前的目标：过火焰山，救周围老百姓。山上有火苗的图像，代表火焰山。

第二部分：阻碍。主干插图是箭头前大山挡住去路，表示阻碍。二级分支列举两大阻碍并辅助插图：烈火熊熊、八百里大山。运用夸张手法，突出困难之大、路途之险。

第三部分：努力。主干插图是表示努力的攥拳头，延伸出关键词“一调”，孙悟空一调芭蕉扇。后面罗列人物，根据情节发展顺序依次呈现。

## 思维导图

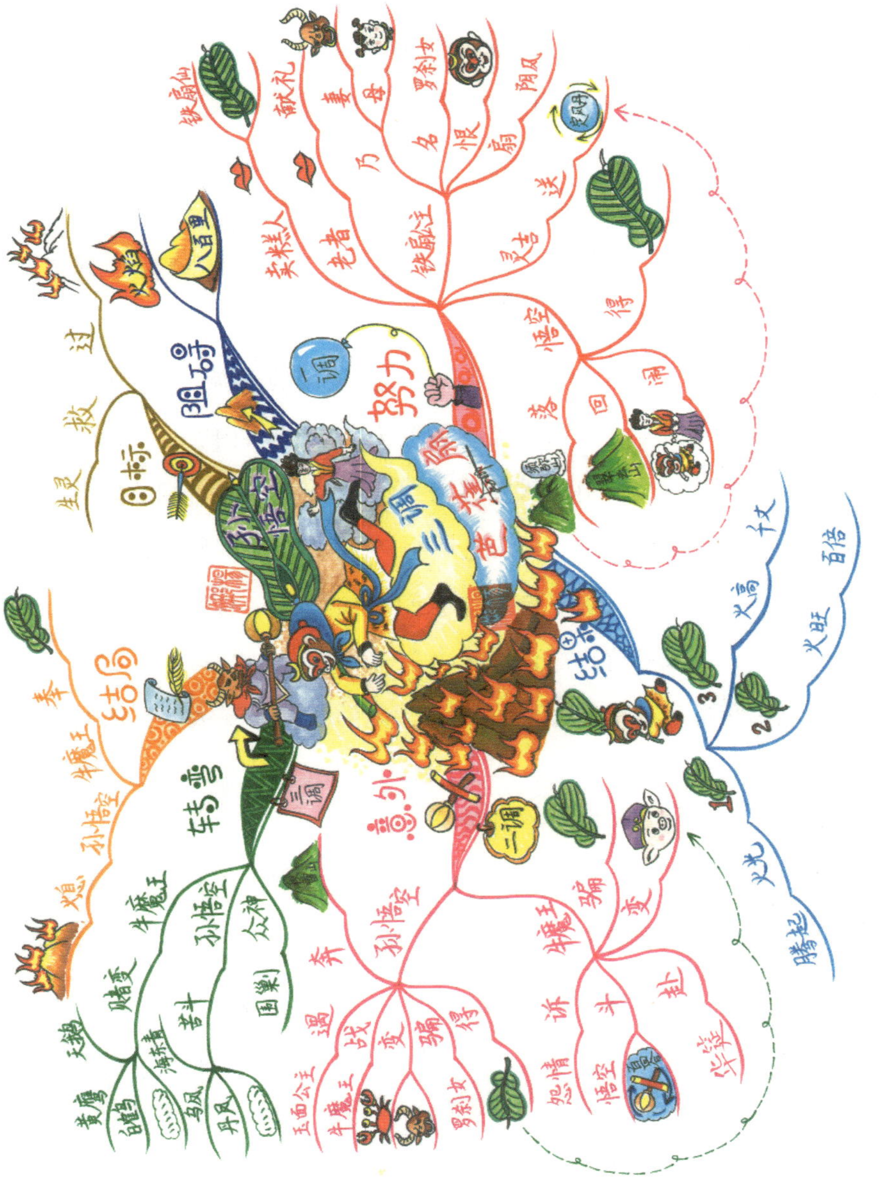


图2-11 孙悟空三调芭蕉扇

卖糕人提及铁扇仙和芭蕉扇。老者介绍，须送礼，铁扇仙才用芭蕉扇扇风、扇雨，此地才能五谷生，老百姓才有饭吃。第三个分支说明孙悟空一借芭蕉扇不成功的原因，原来铁扇公主是红孩儿的母亲，她因为痛恨孙悟空，见了悟空，扇阴风，把孙悟空扇到灵吉所住的小须弥山上。灵吉送定风丹，孙悟空回到翠云山，用妙计进入铁扇公主的腹内，逼迫铁扇公主借出芭蕉扇。这里的铁扇仙、铁扇公主、罗刹女、红孩儿之母，是一个人。定风丹、翠云山、闹肚腹的画面，极富表现力。

第四部分：结果。主干添加了火苗的图像，表示芭蕉扇是假的，越扇火越旺。

第五部分：意外。主干插图孙悟空和牛魔王使用的武器，体现了人物的个性特点。这里分析的是“孙悟空二调芭蕉扇”，主要内容是孙悟空大战牛魔王，所以二级分支提炼了人物形象：孙悟空和牛魔王。细节分支抓住人物动作的关键词进行描绘。孙悟空是奔、遇、战、变、骗、得，牛魔王是诉、斗、赶、变、骗。这样紧扣二调芭蕉扇的主题，惊心动魄，中心突出。斗百回合，图文结合，富有亮点。

第六部分：转弯。这部分是“孙悟空三调芭蕉扇”。二级分支依据情节发展，提炼了孙悟空、牛魔王、众神关键词。细节分支重点抓住牛魔王的赌变、孙悟空的苦斗、众神的围剿展开，斗争激烈，场面热闹。

第七部分：结局。主干本子上一支羽毛笔，已经写到这页最后一行的图像，表示全部完成。牛魔王奉送芭蕉扇，孙悟空扇灭火焰山，师徒再次踏上取经路，去经历新的坎坷和磨难。

这部分内容的设计，充分体现了思维导图层次清晰、脉络分明、化繁为简的优势。可见，思维导图真是把厚书读薄的好工具。读思维导图，还要反过来，把一张导图再读厚。读得越厚越好，不仅复原，还要运用发散思维，添枝加叶。

# 路在脚下

## 内容介绍

这部分设计的意图是展示名著阅读心得，给同学们有益的启发，加深对名著的理解，结合生活经历和社会现实，获得人生的感悟。

## 导图解析

这是《西游记》思想的火花思维导图。

中心图描绘了《西游记》两大主人公唐僧和孙悟空昂首阔步，一路前行，直奔奋斗目标的情景。

依据阅读感悟分为五部分：目标、信念、学艺、奋斗、成功。

第一部分：目标。孙悟空的奋斗目标是学好本领，保护唐僧西天取经。唐僧为了广大民众，奔赴西天取得真经。

第二部分：信念。孙悟空为了报答唐僧救自己出五行山之恩，舍弃自由一路保护唐僧。在取经路上，面对妖魔鬼怪要吃唐僧肉的凶险，以及西梁女国女王和金钱的诱惑，唐僧丝毫没有动摇为民众西天取经的坚定信念。

第三部分：学艺。孙悟空千里迢迢，不辞辛苦跑到贺洲地界，向须菩提祖师学得 72 变和筋斗云的本领，向东海龙王讨得如意金箍棒，为保护唐僧西天取经打下了坚实的基础。唐僧刻苦学习佛法，得到观世音的开导，最终不辱使命，取得真经。

第四部分：奋斗，这是人生的关键。在保护唐僧西天取经路上，孙悟空三打白骨精，火烧盘丝洞，三调芭蕉扇，大战红孩儿，杀强盗，奔赴南海求观音，生命不息，奋斗不止。坎坷丛生，目标坚定。收奎星图像，动

## 思维导图

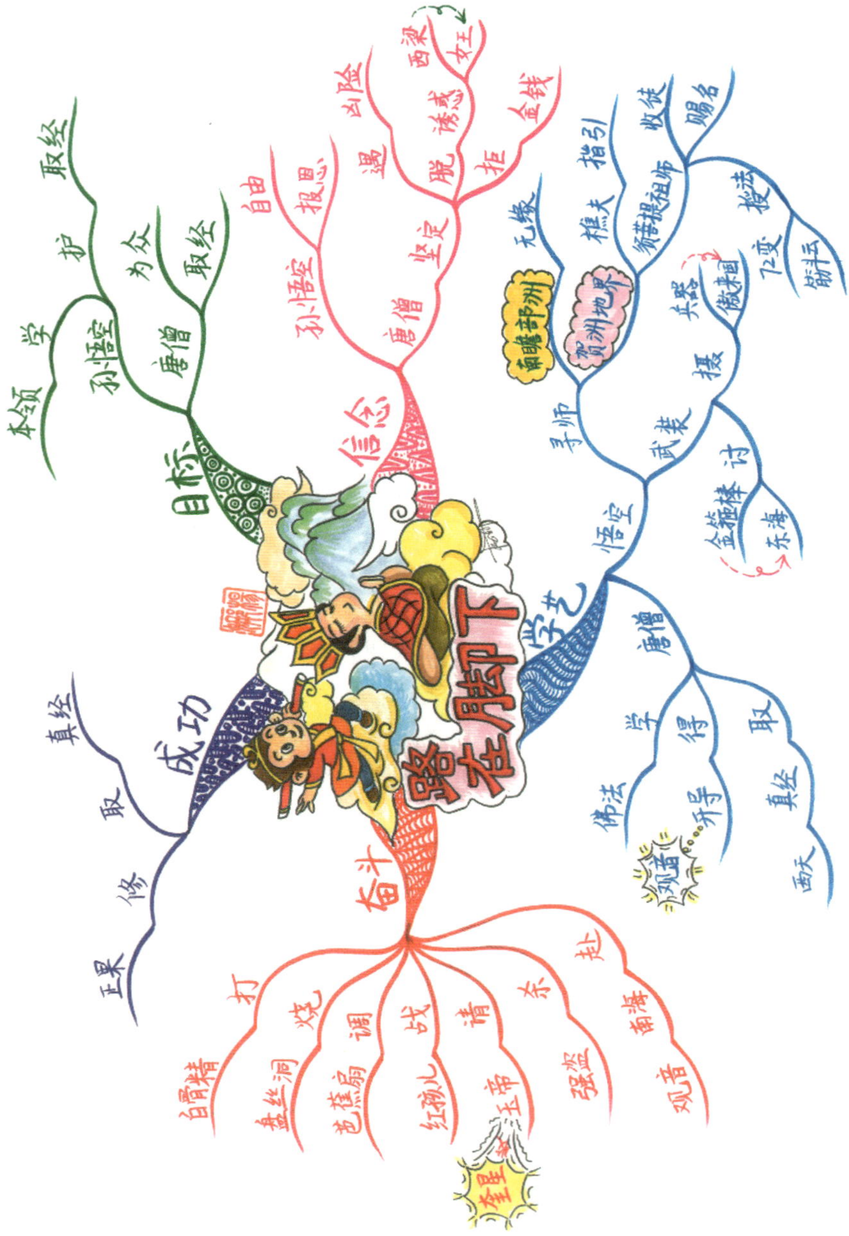


图2-12 路在脚下

感强烈，极富表现力。

第五部分：成功。唐僧取得真经，师徒修成正果，人生获得成功。

《西游记》给我们的启示是，要成功，路在脚下。

# 《海底两万里》

## 《海底两万里》全书

### 内容介绍

儒勒·凡尔纳，是法国 19 世纪最有名的科幻短篇小说与探险小说家，是法国现代科幻短篇小说的主要创始人。他的《海底两万里》《格兰特船长的儿女》《神秘岛》，被称为“幻想小说三部曲”。

《海底两万里》讲述了主人公阿隆纳斯教授跟随尼摩船长乘坐他的潜水艇“鹦鹉螺号”在海底进行了一次深海旅行。他们在海底森林漫步，穿过海底隧道，参观了珊瑚王国、印度洋、红海、地中海和南极，甚至到达了北极。然而，他们也遭遇了各种危险，甚至面临生死之境。最终，他们成功返回陆地，但这段海底之旅却成为他们心中永远的秘密。

### 导图解析

这是《海底两万里》全书思维导图，中心图绘制了“鹦鹉螺号”在茫茫大海上疾驰的情景。

思维导图按照故事情节的发展顺序分为五部分。

第一部分：发现。1866 年，大海上突然出现了一个巨大的怪物。第一层，叙写了这个怪物的形状、身长、身上的磷光、体积和速度。纺锤、百米、快，添加了替代或者辅助图像。第二层，船只、底破和沉没，图像替代。第三层，人们的议论，添加了插图。第四层，阿隆纳斯教授认为，这是一只独角鲸。

第二部分：追踪。为了弄清这种怪物，美国派出了一支追踪舰队。第一层，三个月、开炮、弹飞，图像表示。第二层，眼睛的图像，表示教授发现。红光，图像表示。第三层，捕鱼手、飞叉，图像替代。第四层，水柱，添加了图像。第五层，三人被怪物抛进大海，插图表示。三个人紧紧抓住庞然大物的后背，才得以脱险。

第三部分：被俘。第一层，三个人睡醒，不知道来到了哪里，绘制了插图表示。第二层，怪物里的陌生人，向三个人致意。第三层，尼摩船长，添加了图像。自述、航海、断绝，图像替代。这里是指尼摩船长和人类断绝关系。尼摩船长给三个人定下了“规则”：不释放三个人，让他们唯命是从，在这里是自由的。自由，图像表示。尼摩船长带他们参观了“鹦鹉螺号”。艇内，卧舱、图书馆、娱乐场，添加了插图。动力，电力、电源，添加了插图。衣食，布的纤维，插图表示。用海草做烟叶，图像表示。

第四部分：游览。教授三人随着“鹦鹉螺号”，几乎游遍了地球上的所有海洋。他们从日本海出发，来到太平洋。海底景象、海洋生物、海底森林、蔬菜、土著人，添加了插图表示。到达印度洋，观看黑人采珠、鲨鱼袭击黑人、闪闪发光的珍珠、水手尼德·兰，添加了插图表示。从红海到地中海，闪闪发光的黄金图像，化抽象为形象，有助于记忆。大西洋，陆地沉没、海底火山、察看废墟、打捞财宝、运送给穷人，皆用插图表示。南极海，冰山、章鱼，添加了插图。

第五部分：逃跑。来到挪威海，潜艇遇上大漩涡，三个人借此机会坐上小艇，终于脱险。可是，“鹦鹉螺号”从此就无影无踪了。大漩涡、无影无踪、小艇，皆用插图表示。

一张纸，一本书，思维导图脉络清晰、思路通畅、重点突出、主题鲜明。

## 思维导图

图2-13《海底两万里》全书

# 鹦鹉螺号

## 内容介绍

这部分介绍了“鹦鹉螺号”的制造者、结构和动力来源。

## 导图解析

这是《海底两万里》“鹦鹉螺号”部分的思维导图，中心图绘制了作者想象的这只怪物——“鹦鹉螺号”的样子。

思维导图按照内容和“鹦鹉螺号”的结构，介绍了它的制造者、外形、构造、动力和价值。

第一部分：制造者。关系分支的插图，表示尼摩船长和人类断绝关系。

第二部分：外形。这部分划分为两层：形状，图像表示像纺锤和雪茄；大小，从长、宽、面积和体积几个方面介绍。

第三部分：构造。这是重点部分，介绍了它的内部、中间和外部。内部前面的餐厅部分，家具、餐厨、陶瓷、玻璃、餐具、金银和菜的关键词，均用图像替代；图书室的科学、文学和哲学，添加了辅助图像，化抽象为形象；客厅的珍宝、名画、雕塑、喷泉和贝壳等关键词，均用插图替代。内部后面的船舱，添加了辅助图像和图文框，使得介绍清晰可见；储藏室的食品，图像替代。中间部分的小艇，图像替代。外部，冲角和钢铁的连接线，表示冲角是由钢铁做的。

第四部分：动力。“鹦鹉螺号”的动力来源是海洋发电。表盘、热和光，图像替代。空气，添加了气球的辅助图像，形象美观。

第五部分：价值。运用图文框，表示“鹦鹉螺号”价值四五百万法郎，这在当时可是天文数字了。

## 思维导图

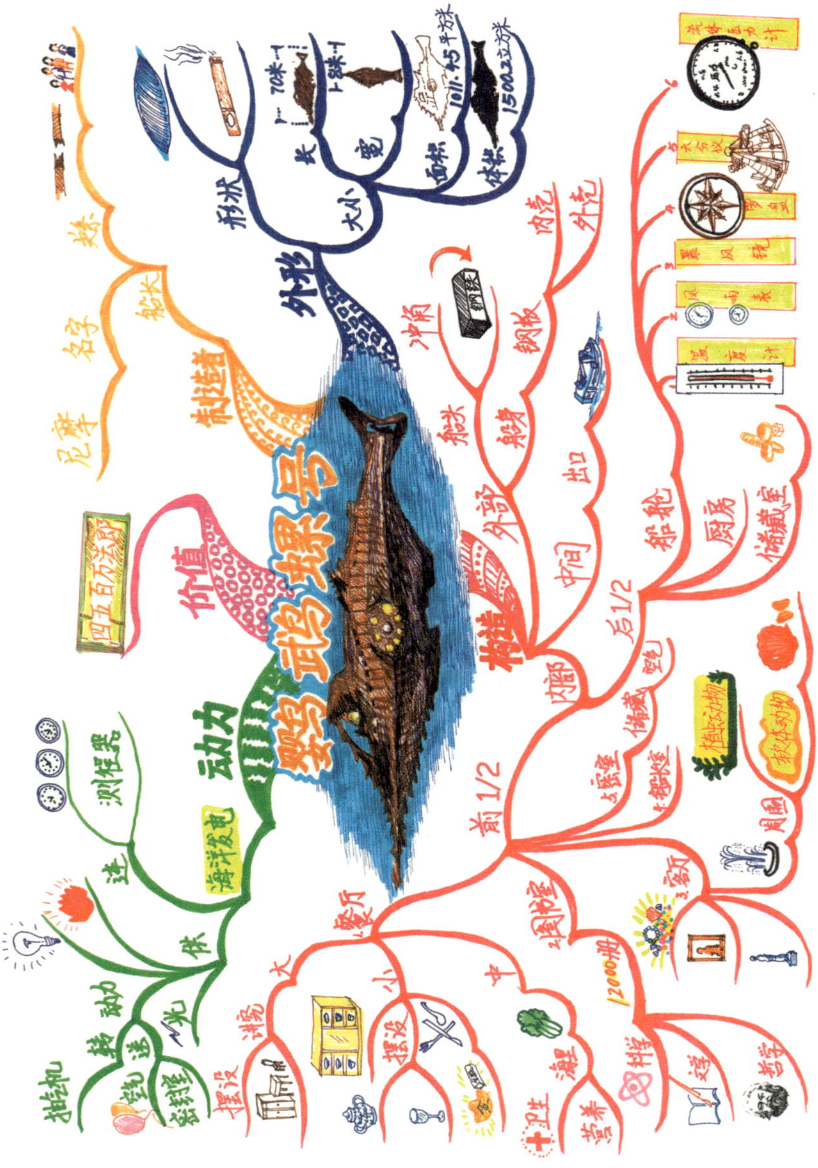


图2-14 鹦鹉螺号

# 海底森林

## 内容介绍

科幻作家凡尔纳用他的生花妙笔将海底风光描写得生动、优美、传神，充满浓厚的诗意，令人兴趣盎然、流连忘返。

## 导图解析

中心图描绘了海底森林五彩缤纷的各种植物，夺人耳目。

思维导图按情节发展顺序分为四部分：观、打、猎、躲。

第一部分：观。这部分划分为两层：植物和植形动物。第一层，植物。这层列举了植物的组成：枝、根、根突和叶（小片），这些都用图像替代。这里树和“×”的图像，表示没有根。支撑的辅助图像有：沙子、贝壳、甲壳和鹅卵石。品种，孔雀彩贝，像扇子；陶瓷贝，大红色；片形贝。古铜色的藻和瓶形水草，这些或者直接用图像替代，或者添加了辅助插图。瓶形水草的茎和顶的连接线，表示茎在顶端处变大的一丛丛瓶形水草。第二层，植形动物。身，这里的脑珊瑚、石竹珊瑚、六方珊瑚，都用图像替代。脚下这里，飞鱼、单鳍鱼，用图像表示。

第二部分：打。二级分支关键词“海蜘蛛”，图像替代。一只海蜘蛛，斜着眼睛看教授，然后扑过来。尼摩船长让它吃了一枪，海蜘蛛的爪子抽搐着。斜眼、船长和爪子，用图像替代。

第三部分：猎。这部分叙写尼摩船长和他的同伴猎到一只海獭和信天翁。海獭及海獭的腿、头、胡须和信天翁，图像替代。

第四部分：躲。这部分描写了船长和角鲨搏斗的精彩场面。角鲨、尾巴、眼珠、目光、口鼻和看不见，均用图像表示。

## 思维导图

图2-15 海底森林

# 海底葬礼

## 内容介绍

厄运来临时，从来不事先打招呼。看似设施齐备、装备优良的“鹦鹉螺号”，真的可以万无一失吗？美丽的海底世界竟成了埋葬海员的墓穴。这部分写的是“鹦鹉螺号”的船员因受伤牺牲了，大家为他举行葬礼。

## 导图解析

中心图绘制了带有十字架的墓碑，墓碑周围是海底的各色植物，突出了“海底葬礼”的主题。

思维导图按照事件的发展顺序分为四部分：受伤、救治、送殡、埋葬。

第一部分：受伤。这部分写“鹦鹉螺号”受到一次冲撞，断了一根桅杆，一位船员因此受了伤。船和桅杆，图像表示。

第二部分：救治。这部分叙写教授救治受伤船员的过程。二级分支的船长和教授，图像表示。船长流泪，图像表示。船长的一番话，用图文框突出。头骨、脑子、血痕和包着纱布的头，图像表示。

第三部分：送殡。这部分具体描写了海底送葬的过程。船长邀请教授海底散步，其实是让教授参加海底送葬。8：30，教授和十来个船员下到水下 25 米的地方。空地周围的森林、尽处的漆黑、中间的珊瑚、长方形和船员们肩抬棺材，都用图像表示。

第四部分：埋葬。这部分叙写埋葬牺牲船员的过程。大家下跪、我们鞠躬、船长双手交叉，都用图像表示。图文框的文字，表达了船长对船员牺牲的悲痛心情，也暗示了陆上人类社会的黑暗现实。红色的连接线，表示肩抬的船员，把尸体平放在棺材里。

## 思维导图

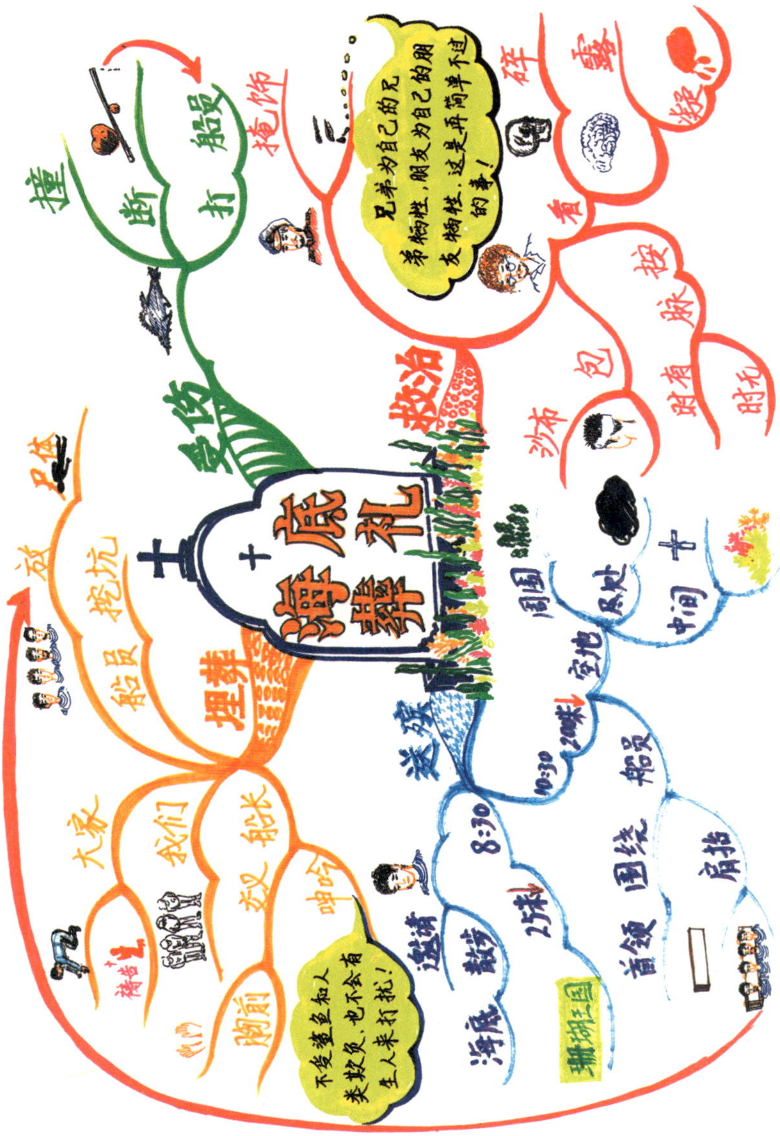


图2-16 海底葬礼

# 印度洋里的珍珠

## 内容介绍

采珠工辛勤地劳作，用自己的生命换来最微薄的收入，只不过是为了迎合少数人的喜好。命运也是如此，一个在天上，一个在地下。在这部分，尼摩船长为了拯救一名印度采珠工和鲨鱼进行搏斗，表现了他的勇敢和同情弱小的崇高品质。

## 导图解析

中心图绘制了张开的贝壳，一颗闪闪发光的珍珠，耀眼夺目。

思维导图按照故事情节的发展和内容顺序分为四部分：介绍、参观、搭救、感悟。

第一部分：介绍。这部分叙写珍珠和采珠人。珍珠，介绍了它的位置（产地）、功用、形成、取法和数量。锡兰岛的地图，表示位置。眼泪、露水、饰物、混合物、珍珠贝、钳子、草席、珍珠筐，依次用图像替代。采珠人，写了采珠的时间、地点和采珠的过程，以及采珠人的报酬。采珠、时间、三个月、流血、耳朵、鼻子、视力、夹石、一只贝和发财猫，依次用图像替代。

第二部分：参观。这部分从规模、地形和位置方面叙写尼摩船长带领大家参观采珠场的情景。地形，竖起大拇指和加号，表示绝佳；狭窄、强风、躲避、波浪，添加了替代或者辅助图像。位置，珍珠贝、珠母、珍珠和椰子，图像替代。礁石岩脉、无以数计和一千万法郎，字数较多，添加了图文框。

第三部分：搭救。这部分从四个方面叙写一个印度采珠人被鲨鱼袭击，

## 思维导图

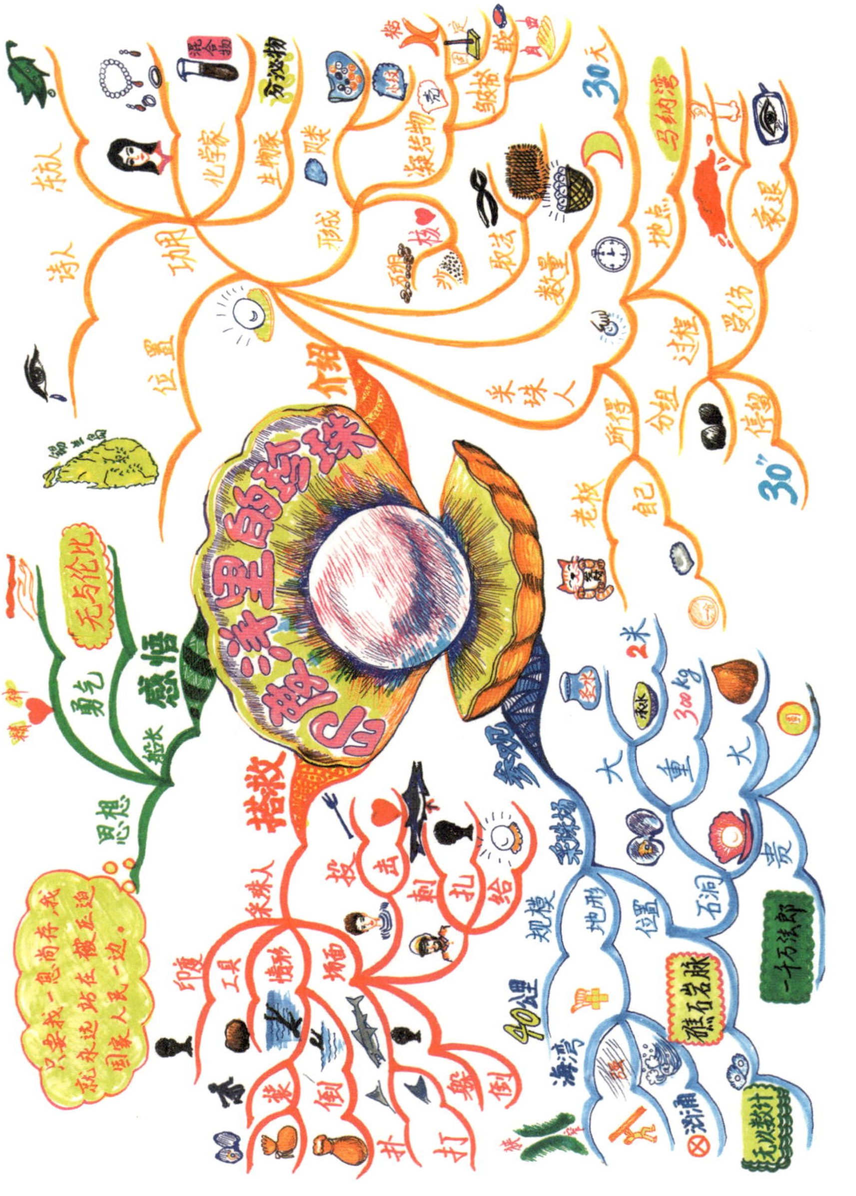


图2-17 印度洋里的珍珠

尼摩船长勇敢搭救、勇斗鲨鱼的场面。印度身份、采珠工具、采珠的情形和搏斗场面。黑色头像，表示印度黑人。工具石头，用图像代替。情形，潜入、珠母、袋子、浮出和口袋，依次用图像代替。场面，鲨鱼、鳍、尾巴、黑人、尼摩船长、鱼腹、珍珠、尼德·兰、鱼叉和心脏——都用图像表示。

第四部分：感悟。这部分从三个方面感悟到船长无与伦比的勇气，为理想献身的精神和永远站在被压迫国家人民一边的崇高品质。手托身体，表示献身。以尼摩船长最核心的思想作为重点，用图文框突出，升华了主题。

# 地中海

## 内容介绍

大自然是无罪的，它用自己博大的胸襟容纳着人们，给人间以生命洗礼。大海无言，而人类也一直蠢蠢欲动。“鹦鹉螺号”又创造了一次奇迹，它不可思议地到达了地中海。

## 导图解析

中心图描绘了地中海的特点——蔚蓝色。

思维导图按照“鹦鹉螺号”的到达地点和它本身的情况分为六部分。

第一部分：亚德里海口。这部分写在亚德里海口所见到的鲸、海猪和海豹，都用图像表示。海猪的花纹、海豹的名字是和尚，用图像表示。

第二部分：瓦莱塔海峡。这里是暗礁，所见有海胆、海鳗、贝盘和水仙，都用图像表示。透明、磷光、红色，也用图像替代。竖起的大拇指，表示最美。

第三部分：深海区。二级分支的图像，表示海难。可怕，用图像表示。

第四部分：直布罗陀海峡。这部分叙写了潜艇疾驰，来到直布罗陀海峡的口上。这里的上层水流把大西洋的水引入地中海，而下层水流逆流又注入大西洋。疾驰、海峡，用图像表示。这里是希腊神话沉在海底的赫克留斯庙的废墟和支撑这座庙的小岛。希腊神话、小岛，用图像表示。

第五部分：大西洋。这部分介绍了大西洋的规模、险处和最西南的西班牙、尖角两处。规模，绘制了地图来表示。

第六部分：“鹦鹉螺号”。这部分叙写了“鹦鹉螺号”上的三个人。尼德·兰，想趁此机会逃跑。逃跑，用图像表示。教授，写了他的矛盾心理，

## 思维导图

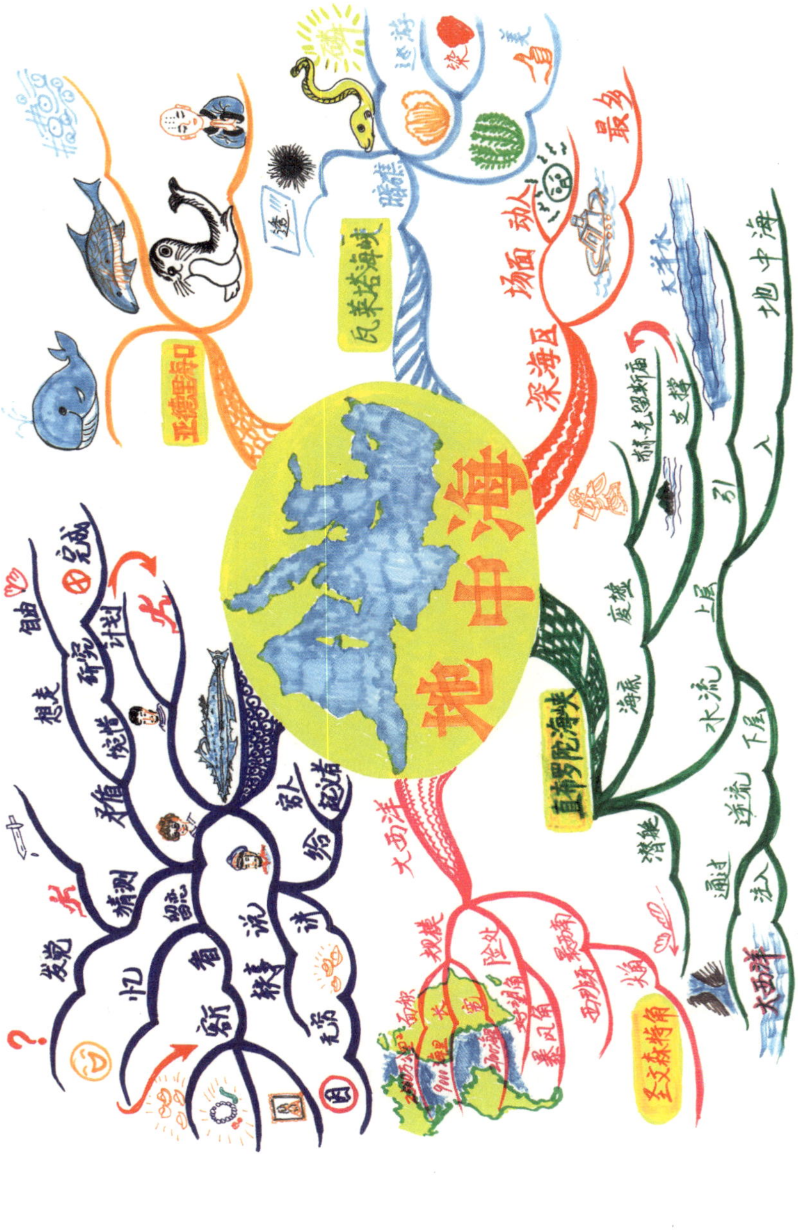


图2-18 地中海

他对船长的猜测，对“鹦鹉螺号”的留恋。教授猜测自己逃走后，会给船长造成多少损害；猜测自己逃走，被船长发觉，会怎样。教授看到客厅的财富、宝藏和名画，回忆在这里的快乐时光，产生了留恋之情。财富、宝藏和名画，用图像表示。船长，来到教授的房间，讲起他有无穷财富的原因，还说这些财富要给穷人和起义者。原因，在“因”字上画了圆表示，有特点。

# 肉搏章鱼

## 内容介绍

“鹦鹉螺号”上的人都在贪婪地享受着沿途的风光，却不知一个新的大麻烦即将来临。危险来临时绝不能退缩，挺身而出、迎难而上才是逃脱危险最积极有效的办法。这部分叙写了尼摩船长和船员、水手以及三个人与章鱼搏斗的惊险场面。

## 导图解析

这是《海底两万里》的精彩章节，中心图绘制了拟人化的章鱼，并且以它的触角作为主干线条，新颖别致。

思维导图按照故事情节的发展分为四部分：遇、砍、搏和救。

第一部分：遇。这部分介绍了章鱼的所在位置和它的形象、行为。大西洋，绘制了地图表示。形象部分，纺锤形的图像，表示章鱼的外形。吸盘、触角、牙齿、大剪子和心脏，用图像替代。行为部分，潜水艇、螺旋桨，用图像代替。

第二部分：砍。二级分支的关键词水手、章鱼和船长，皆用图像表示。水手，拧螺丝，开舱盖。章鱼，用吸盘拉打开的舱盖，它的 20 多根触角滑到舱口，舞动着。船长，抡起斧头，砍断了一根。吸盘、触角、斧头，用图像表示。

第三部分：搏。这部分叙写了水手、船长、船员和三个人搏斗章鱼的精彩场面，可谓惊心动魄。章鱼的舞、扑、卷、甩和喷，显示了它的凶恶、难缠。卷和甩，用箭头指向水手，表示章鱼卷起水手把他甩出去。黑液，用图像表示。水手举起双手的插图，表示他被章鱼卷起来在叫喊。三人部

## 思维导图

图2-19 肉搏章鱼

分，扎肉块和眼睛，用图像表示。

第四部分：救。章鱼掀翻了尼德·兰，张开血盆大口。血盆，图像表示。船长，扬起手臂，甩出斧头，砍掉章鱼的一条“胳膊”。当黑液散尽时，章鱼不见了，那位水手也消失了，船长流下了悲愤的眼泪。尼德·兰叉中章鱼的三个心脏。扬手臂、斧头、流泪和叉手，都用图像表示。

# 神秘的船长

## 内容介绍

一位聪明、富有、温文尔雅，却拥有绝对权威的船长；一位单枪匹马反人类社会的斗士；一位替天行道的复仇使者；还是一位神秘莫测，令人捉摸不透的英雄！这部分详写了《海底两万里》的主人公尼摩船长。

## 导图解析

中心图刻画出他的自信、坚毅和高傲的形象：高扬的头，冷静的眼睛，高傲的目光，成为一代又一代人的谜。

综合全书，思维导图从八个方面展示了“神秘的船长”的形象。

第一部分：名字。意，用圆圈，表示原意，顾名思义法。流泪的图像，表示悲痛。

第二部分：身份。尼摩船长，始终是个谜，不知道他原来的身份。

第三部分：游历。这部分绘制了线路图，表示尼摩船长的“鹦鹉螺号”穿越了地球上所有的海洋。

第四部分：见识。尼摩船长可谓是见多识广，不同凡人。书、名画、珍宝，添加了图像表示。闪光的珍宝图像，富有动感，化抽象为形象，易懂易记。用海洋的钠发电，在当时来说，真是奇思妙想，可是今天已经变为现实。尼摩船长的远见卓识，令人佩服。

第五部分：行为。“鹦鹉螺号”专门攻击英国侵略者的军舰，打捞的财富也被用于支援受压迫的民族和穷苦大众以及正义的斗争，表现了尼摩船长勇敢的人道主义精神。英国侵略者、军舰、财富、受压迫、穷苦、大众，都用图像表示。和平鸽的图像，象征正义和和平。

## 思维导图

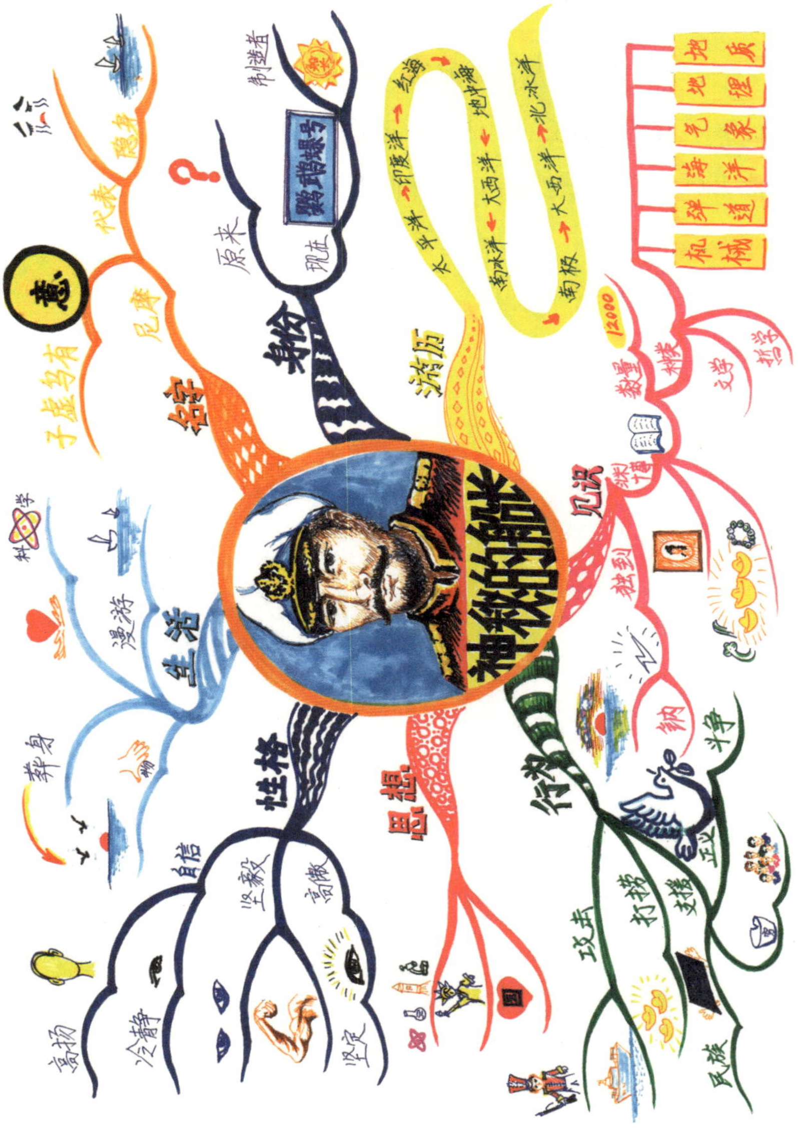


图2-20 神秘的船长

第六部分：思想。烧瓶、火箭、显微镜等，代表科学。爱心图里写个“国”，表示爱国，运用谐音法。

第七部分：性格。这部分的头、眼睛、眼眶、筋肉和目光，都用图像替代。

第八部分：生活。这部分从漫游海洋、奉献科学、汲取海洋满足生活所需几个方面展示了尼摩船长的生活。至于尼摩船长最后的结局，谁也不得而知，只能去想象了。这也正是《海底两万里》吸引人的地方之一。

# 《骆驼祥子》

## 《骆驼祥子》全书

### 内容介绍

老舍是现代著名文学家、戏剧家，因撰写戏剧《龙须沟》而获“人民艺术家”的荣誉称号。《四世同堂》《骆驼祥子》《茶馆》等均为老舍的杰作。

《骆驼祥子》所表现的是阴暗的、畸形的、失衡的中国旧社会。本书介绍的“祥子”，是旧中国北平城里一位年少好强、富有生活激情的人力车夫，“三起三落的生活经历”是他的标签。祥子原本出身于乡村，勤奋、淳朴、善良，保留着乡村哺育他、教育他的一切，可是他却一直不愿回乡去，总之是一个破产的青年农民。用自己的诚实劳作，努力得到一辆自己的人力车一直是他最大的心愿，可是天不遂人意，在兵荒马乱中，刚拉半年的车被逃兵掠走，祥子也只能牵回三匹骆驼，丢掉了车。后来祥子与虎妞的畸形婚姻使祥子再一次拉上了洋车，但祥子为此付出了惨重的代价。天有不测风云，虎妞死于难产，他只好再一次卖掉洋车去料理丧事。二次卖车，使祥子连受生活的伤害，他对生活已经没有了什么企求，也没了什么信念，无法再鼓起对生活的信心。他开始厌倦拉车与劳作，不再像从前那样以拉车为自豪。祥子在被生活捉弄后，就开始游戏人生、吃喝嫖赌。他从一位自立的、有个性的、健壮的、高大的、有尊严的、要强的、好幻想的底层工人变为一位个人主义的“末路鬼”，成为“腐朽的、自私的、失败的、社会病胎里的产儿”。

## 思维导图

图2-21《骆驼祥子》全书

## 导图解析

这是《骆驼祥子》的总图，绘制了祥子一生的三起三落，表现了他的悲剧命运，反映了社会的黑暗。中心图描绘了祥子拉车及和虎妞在一起，两个画面叠加，进一步突出了祥子命运的悲惨。

思维导图按照全书的脉络分为七部分。

第一部分：一起。祥子租车拉车，拼命三年，攒了100块钱，买了新车。拍手的插图，突出了祥子有钱的自豪。

第二部分：一落。可是好景不长，祥子为了钱冒险，结果车丢了，人也被兵捉去。

第三部分：二起。祥子因为卖骆驼，睡觉说梦话，得了个“骆驼祥子”的外号。他又重回人和车厂，继续租车拉车攒钱。

第四部分：二落。祥子在曹先生家拉包月，没想到被孙侦探盯上，好不容易攒的钱，又被孙侦探勒索去了。日历牌，表示两个月。

第五部分：三起。祥子娶了虎妞，用虎妞的钱，低价买了二强子的车。放鞭炮的插图，突出了喜庆。

第六部分：三落。虎妞难产死了，祥子卖掉车，为虎妞办丧事。祥子喜欢的小福子，也上吊死了。真是祸不单行，雪上加霜，祥子真的彻彻底底绝望了。

第七部分：惨局。黑暗的社会把祥子由人变成了鬼。祥子最终沦落为一个抽烟、嫖赌、耍坏、犯懒、出卖好人的麻木病态的社会败类。

这幅思维导图主干图文框的设计，富有特色，值得学习和借鉴。

# 买车

## 内容介绍

自从有了这辆车，他（祥子）的生活过得越来越起劲了……拉了半年，他的希望更大了：照这样下去，干上二年，至多二年，他就又可以买辆车，一辆，两辆……他也可以开车厂子了！

可是，希望多半落空。

——《骆驼祥子》

## 导图解析

这幅思维导图绘制的是《骆驼祥子》买车的部分。

中心图描绘了小说的主人公祥子，坐在自己新买的车上美美地享受着，做着更大的梦……

思维导图按照内容和故事情节的发展分为四部分。

第一部分：类型。这部分叙写了当时北京车夫的三种类型：拉整天的，拉晚的和拉破车的。太阳和月亮的组合图，表示整天。星星和月亮的组合图，表示夜晚。20 和向下的箭头，表示 20 岁以下；40 和向上的箭头，表示 40 岁以上。

第二部分：优势。这部分介绍了祥子的拉车优势。胸像铁扇似的，脚大得“出号”，等等。

第三部分：挫折。这部分叙写祥子拉车的第一次挫折：拉散座的时候，车坏了，赔钱；有时候碰了人；病了，也舍不得买药。祥子咬紧牙，一心一意攒钱买车。

第四部分：一起。祥子拼死拼活，攒了三年的钱，终于买上了自己的

## 思维导图

买车
类型
祥子
车夫
拉晚
拉破车
20
40
优势
来自
乡间
手工
身量
高大
腰
胸
脚
筋肉
头
大
脸
疤
眼
圆
腿
胯
小
粗
一起
3年
100块
凑足
拍
96块
送车
赏车
坐
庆祝
生日
"双寿"
今日
忘
算
拉
体面人
吃
饭摊
病
买药
舍得
借贷
换
新车
破车
包车
散座
碰人
车坏
赔钱

图2-22 买车

车。这两大摞钱的插图，形象地表现了祥子三年的奋斗成果。庆祝这一层，祥子忘记自己的生日，就把买车这一天作为自己的生日，可见有了自己的车，对祥子来说，意义何等重要。这一次庆祝，恐怕是他一生唯一一次正儿八经地吃饭摊。

# 丢车

## 内容介绍

祥子辛辛苦苦，奋斗了三年，好不容易买了一辆车，结果丢了。他（祥子）越想着过去便越恨那些兵们。他的衣服鞋帽，洋车，甚至于系腰的布带，都被他们抢了去；只留给他青一块紫一块的一身伤，和满脚的疱！

不过，衣服，算不了什么；身上的伤，不久就会好的。他的车，几年的血汗挣出来的那辆车，没了！

以前的一切辛苦困难都可一眨眼忘掉，可是他忘不了这辆车！

——《骆驼祥子》

## 导图解析

中心图描绘的是祥子被兵捉住，连人和车一起被兵们带走的情景。

思维导图依据故事情节的发展分为四部分。

第一部分：放胆。这部分叙写祥子有了自己的车，因为高兴，胆子就大起来。自从到城里来，他的身高长了一寸，皮肤也硬棒了，嘴唇上长了胡子。

第二部分：遭捉。这部分叙写了祥子被捉的背景和过程。人们关于战争的谣言，祥子不信。有人喊，有没有上清华的。车夫们没有答碴儿的。一个光头开玩笑似的要价 2 元，问祥子去不去。祥子抱着侥幸的心理，拉车来到西直门，看到路上没有行人，也没有车。一直拉到了高架桥。嘴的图像，表示答应。拉车到西直门，添加了插图。路上，用图像替代。10 和枪的图像，表示十来个兵。

第三部分：入狱。这部分叙写了祥子被带入狱，思考怎样逃跑。祥子

## 思维导图

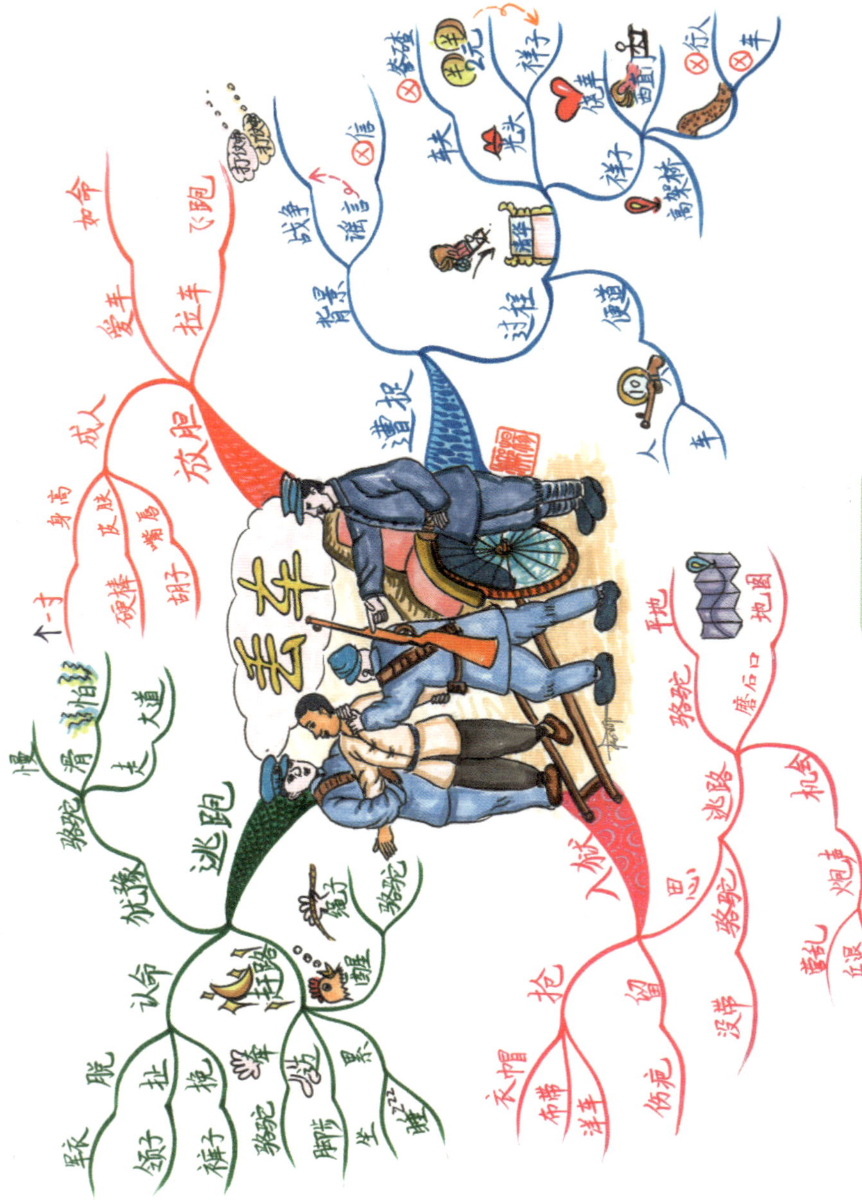


图2-23 丢车

来到哪里了呢？他看见骆驼，想到骆驼不会爬山，说明他们来到了平地。京西一带的八里庄、黄村、磨石口……都有养骆驼的，祥子猜想：难道来到了磨石口？当他听到炮声，营里乱起来，知道兵退了，他们没有带骆驼。逃跑的机会来了。

第四部分：逃跑。这部分从犹豫、认命和赶路三个方面叙写祥子的逃跑过程。星星、月亮的图像，表示晚上。公鸡打鸣的插图，表示次日了。这时，祥子醒了，手里还抓着牵骆驼的绳子。为下文祥子卖骆驼做了铺垫。

# 重回人和车厂

## 内容介绍

看见了人马的忙乱，听见了复杂刺耳的声音，闻见了干臭的味道，踏上了细软污浊的土地，可爱的地，生长洋钱的地……他唯一的朋友是这座古城。这座城给了他一切，就是在这里饿着也比乡下可爱！祥子丢车后，重新回到人和车厂，继续租车，开始了新的拉车生活。

——《骆驼祥子》

## 导图解析

中心图描绘了祥子在人和车厂门口，满怀新的希望，继续拉车的情景。

思维导图按照故事情节的发展分为四部分。

第一部分：得名。因为祥子把带来的骆驼卖掉了，说骆驼的梦话，所以得名“骆驼祥子”。

第二部分：打扮。这部分是写祥子进城以前，打扮一番。裤子、裤褂、鞋、袜和草帽，都添加了插图表示。

第三部分：进城。这部分提炼了关键动词“走”“坐”“吃”“站”，写出了祥子再次进城的经过。

第四部分：回厂。这部分交代了人和车厂厂主刘四爷的年纪、外貌和经历。祥子跟刘四爷说明了被捉丢车的原委，把卖骆驼的 30 元钱存到刘四爷这里，继续租刘四爷的车，做起了再次买车的梦。

## 思维导图

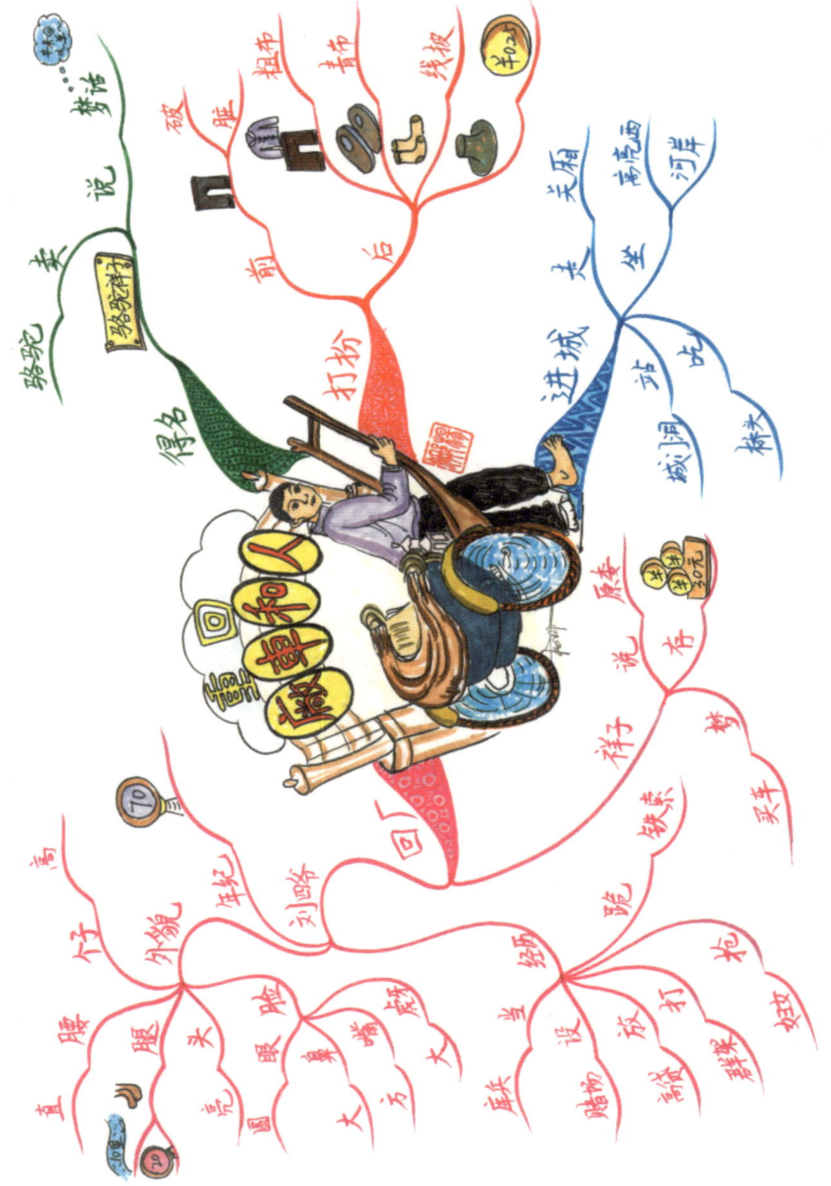


图2-24 重回人和车厂

# 祥子遭勒索

## 内容介绍

这部分写祥子遭到孙侦探勒索——“三起三落”的“二落”。

## 导图解析

中心图刻画了祥子坐在车前，思索新的拉车路、新的人生。

思维导图围绕祥子拉车的几件事分为四部分。

第一部分：拉包月。主干插图人力车，突出了祥子的拉车生活。前，难忘噩命，是指祥子的被捉丢车事件。后，祥子拉包月的状况。称主人的孩子泥鬼，可见主人品行的恶劣。祥子所住的院里到处是骂声、哭声，他的住处又潮又臭又黑，简直不是人的生活。为下文在曹家拉包月做了铺垫。骂和哭，添加了辅助插图，形象生动。

第二部分：在曹家。这部分叙写了曹先生待人宽和的品行。祥子拉车，遇到车祸，把曹先生碰伤了，心里不安，想辞工作。曹先生反而关心祥子，不辞祥子。人情味，添加了竖起的大拇指，突出了曹先生的人格。

第三部分：希望破。主干用裂开的爱心图，强化了主题——祥子的希望再一次破灭。菜馆里老车夫的悲惨命运，引起祥子的思考。祥子的思考，添加了插图表示。连接线，表示祥子思考的内容。

第四部分：遭勒索。主干插图，形象地表现了祥子遭勒索的悲惨。在一个下雪天，祥子拉着车。因为雪粘脚，他走得慢。孙侦探骑着自行车正在跟踪祥子。祥子刚进家门，孙侦探就按门铃，揪住了祥子，说曹先生是革命党，祥子是同伙，让祥子拿钱买命。按门铃、进屋，添加了辅助图像。

这幅思维导图主干插图的设计新颖、巧妙，值得学习和借鉴。

## 思维导图

图2-25 祥子遭勒索

# 祥子的新希望

## 内容介绍

这部分叙写祥子和虎妞结婚后，买上了新车，祥子又有了新的生活希望——最后的希望。

## 导图解析

这部分叙写了祥子“三起三落”的第三起，祥子的最后希望。中心图描绘了虎妞引诱祥子喝酒的情景。虎妞坐在祥子身边，手搭在祥子的肩上，两个人面对面，似乎在说着什么。面前的饭桌上，一把酒壶，两个酒杯，三盘菜，还有两只端起酒杯的手。虎妞和祥子美美地喝着酒，美美地聊着天。

思维导图按照故事情节的发展分为四部分。

第一部分：闹翻。这部分叙写虎妞诱惑祥子喝酒，逼迫祥子结婚，和刘四爷闹翻。两只酒杯碰在一起，表示喝酒。假怀孕，添加了辅助图像，形象生动。戒指的图像，表示结婚。刘四爷发怒的辅助图像，化抽象为形象，增强了记忆和理解。

第二部分：备婚。这部分写虎妞准备和祥子结婚。房子、轿子，用图像替代。喜字、日子，添加了辅助图像，以示强调。

第三部分：结婚。主干添加了打鼓、放鞭炮的辅助插图，突出了结婚的主题。红袄、脂粉、花轿、抱枕头，添加了插图表示。洞房、爱心图和双喜字，渲染了新婚的喜庆。

第四部分：婚后。这部分从生活和买车两个方面，叙写了祥子和虎妞的婚后情况。生活，虎妞想和刘四爷和好。祥子并不喜欢虎妞，当他知道

## 思维导图

图2-26 祥子的新希望

虎妞假怀孕时，他想逃离这个家。但是后来想到有了个安定的家，心里还是喜欢的。祥子不想靠虎妞生活，还是想继续拉车。买车，这里本来虎妞打算买两辆车，祥子拉一辆，租赁出去一辆。可是虎妞留了个心眼，怕祥子变了心，自己人财两空。

# 虎妞难产

## 内容介绍

这部分叙写了祥子在烈日和暴雨下拉车病倒了，他的妻子虎妞又因为难产而死，祥子最后的希望也破灭了。

## 导图解析

这幅思维导图绘制的是《骆驼祥子》祥子的“三落”，中心图描绘了虎妞挺着怀孕的大肚子，祥子看着她，好像在说着什么。背后是太阳、月亮、星星，面前是一辆人力车。

思维导图按照人物形象分为三部分。

第一部分：祥子。第一层，拉车。六月初五，日历牌表示时间。烈日、暴雨，添加了辅助插图，突出了祥子拉车环境的恶劣。坐车的人，不让祥子停歇，到了地头一分钱也没多给。第二层，祥子病倒了。昏睡、吞药、问车，添加了图像替代。第五层，祥子挣扎着下地，想去拉车。可是病上加病，他又得了痢疾。第四层，虎妞难产，祥子守候着，又是请收生婆，又是求蛤蟆大仙，折腾了三个月。月亮、太阳和三的组合图，表示三个月，易于记忆。第三层，祥子卖掉车，为虎妞办理丧事。

第二部分：虎妞。祥子在烈日和暴雨下拉车，病倒了，虎妞求医问药。小福子来看望祥子，虎妞因为嫉妒，赶走了小福子。虎妞怀孕后，白天晚起，晚上坐在外面。太阳的图像，表示白天；月亮、星星的图像，表示晚上。因为小福子跪求虎妞，又让小福子回来和她做伴。终因难产而死。

第三部分：小福子，又一个黑暗社会的悲剧人物。为了那个好喝懒做的父亲和两个弟弟，被逼无奈卖淫。因为看望生病的祥子，倾诉悲苦的

## 思维导图

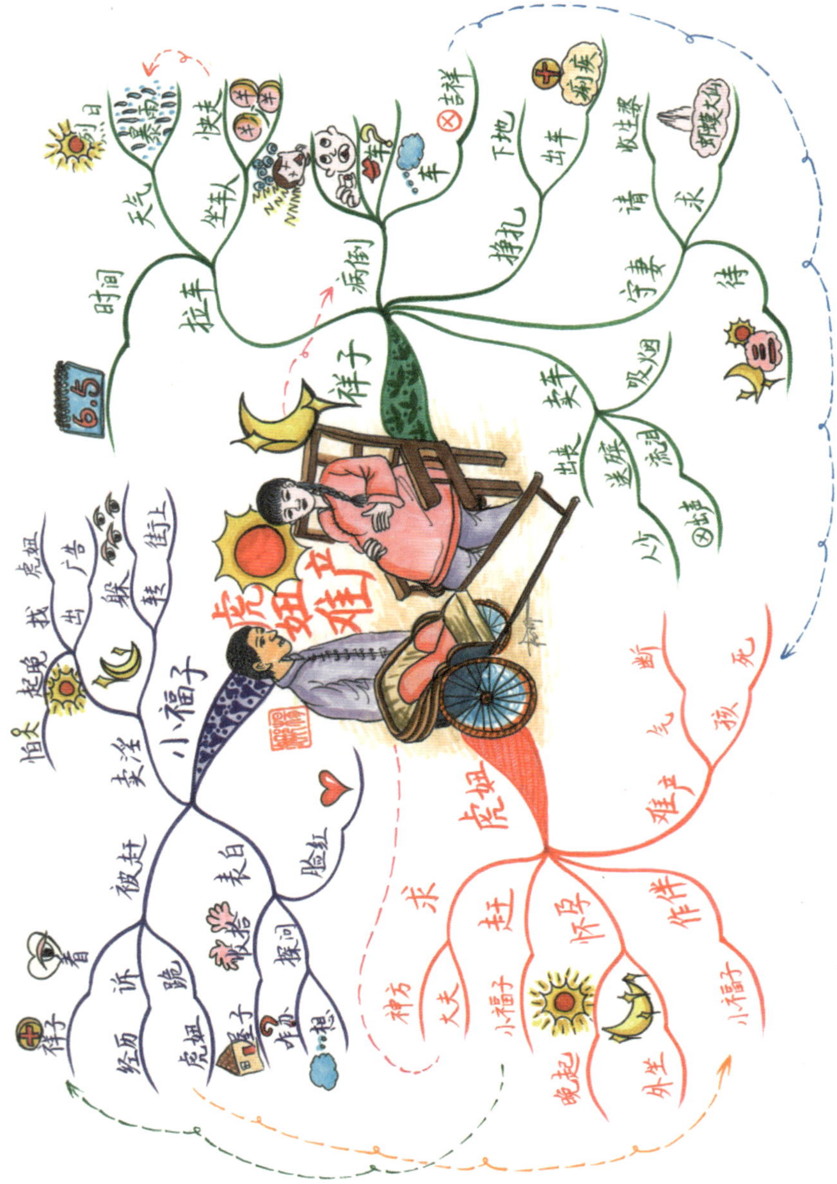


图2-27 虎妞难产

经历，被虎妞赶出来（她在虎妞家里偷偷地卖淫），生活没有了出路，跪求虎妞。在虎妞难产而死后，小福子帮着祥子收拾屋子，探问祥子“咋办”“想”“脸红”，意思是要和祥子一起生活。四只眼睛的图像，表示人们的目光。

# 祥子的奋斗人生

## 内容介绍

这部分从《骆驼祥子》祥子的奋斗人生，提炼了“拉车与看路”的主题，给同学们以启发和思考。

## 导图解析

中心图绘制的是祥子拼命拉车的情景。

思维导图围绕主题分为四部分。

第一部分：奋斗。祥子从拼命拉车，到买车，再到丢车，最后卖车，奋斗了一生，结果一无所有。他也由开始的积极向上，不甘失败，发展到自甘堕落，是这个黑暗的社会毁了他，毁了像祥子一样的千千万万个奋斗者。

第二部分：社会。祥子所生活的社会是黑暗的、腐败的。军阀混战，豪绅剥削，买办压迫，又赶上资本主义社会的经济危机。在这样的社会，祥子的悲剧命运是必然的。

第三部分：死路。在这样的社会，祥子的人生只有死路一条。

第四部分：出路。同学们不禁要问，祥子的人生之路在何方？像祥子一样千千万万的奋斗者，路在何方？三个问号，强调了中心。

## 思维导图

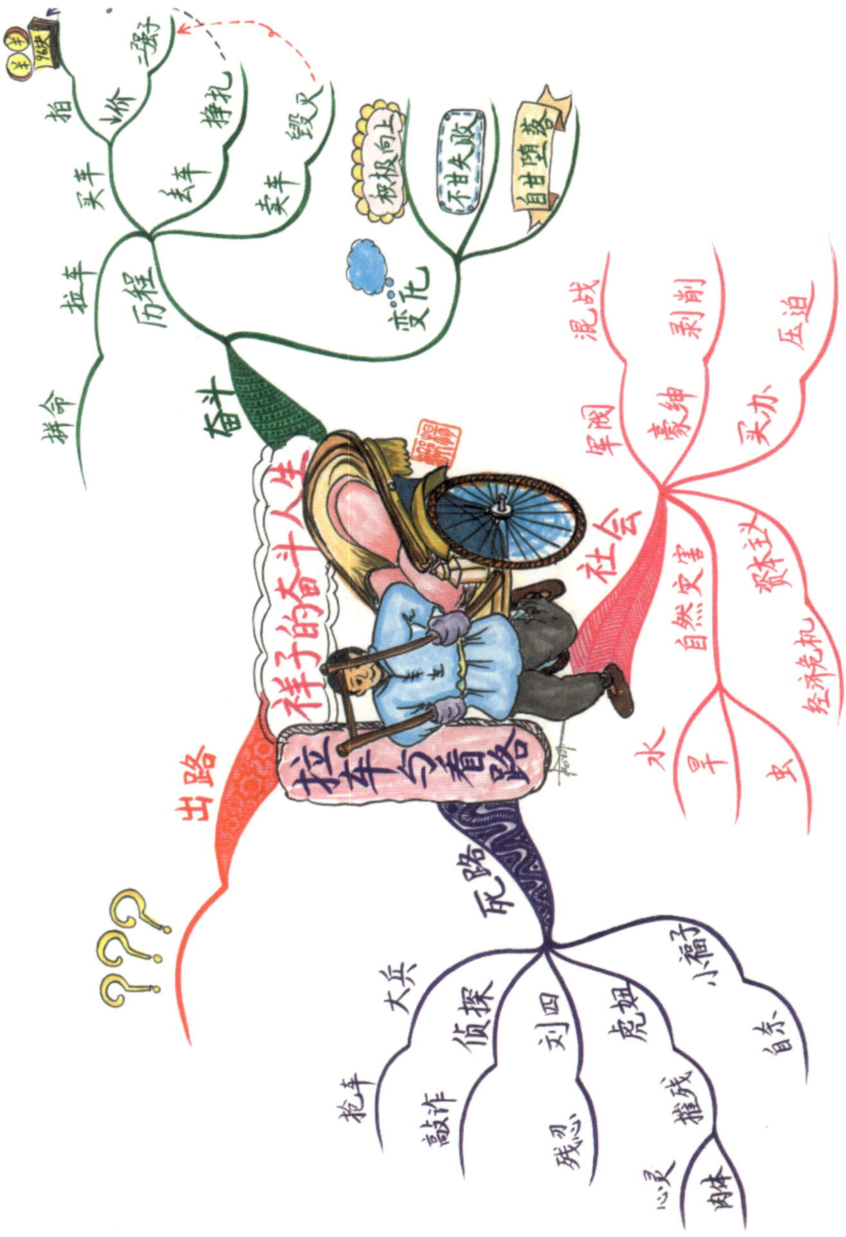


图2-28 祥子的奋斗人生

# 《红星照耀中国》

## 第二章（二）周恩来

### 内容介绍

这部分详细讲述了周恩来，他是中国共产党、中华人民共和国和中国人民解放军的重要创建者和领导人。他一生的经历和独特的人格魅力，使作者给出了这样的评价："一个书生出身的造反者"，也让作者产生了如此的感触："带给我太多的震惊与触动"。这部分让读者看到了一个让世界敬仰的领导人的形象。

### 导图解析

这幅思维导图绘制的是《红星照耀中国》第二章（二），中心图是周恩来的头像和五星红旗，直接点题，一目了然。

思维导图依据原著内容划分为六部分。

第一部分：出现。这部分叙写斯诺第一次见到周恩来。

第二部分：招待。主干插图一个带有五角星的茶缸。这部分叙写招待斯诺的红军司令部，也是周恩来的住所：干净、简陋。土炕的图像，突出了简陋的主题，体现了红军高级将领和战士们同甘共苦的崇高精神。

第三部分：确认。确认身份，这是当时必须遵循的程序。身份证，代表身份。电报机的图像，表示当时的联系方式。

第四部分：安排。周恩来亲自安排斯诺 92 天的采访行程，可见斯诺这次采访的意义重大，也说明了红军对斯诺的重视。采访的插图，表示采访的既有将领，也有士兵。

## 思维导图

图2-29 周恩来

第五部分：经历。书的图像，表示母亲喜欢读书。南开、八一起义、黄埔军校等，涂了相同的黄色，起到突出重点的作用。

第六部分：总述。这部分是周恩来给斯诺的总体印象。大脑的图像，表示头脑。

# 第三章（四）红军大学

## 内容介绍

“红军大学”作为一所“高等学府”，条件极其简陋，用石头、砖块当作课桌椅，石灰墙和泥墙当作黑板，但整座校舍却不怕轰炸。

## 导图解析

这幅思维导图绘制的是《红星照耀中国》第三章（四），中心图是一面红旗和高举笔记本的红军大学学员，醒目点题。

思维导图按照原著内容分为五部分。

第一部分：概况。这部分叙写了红军大学的校舍和学生。每月 15 元的费用，用月亮的图像表示，新颖形象。他们的笔记本是敌人的宣传品。

第二部分：课余。篮球、网球和乒乓球，添加了图像表示。

第三部分：讲演。这部分介绍了斯诺给学员们讲演英美的政策。美国的国旗，代表美国；英国的国旗，代表英国。

第四部分：课室。这部分从学员的组成、课程和招生条件介绍红军大学。向上的箭头，表示 800 多人。十字符号，表示学医。党旗，表示训练中国共产党。月亮和 4 的图像，表示学习四个月。“×”表示没有。

第五部分：预想。在对日宣战这个问题上，从领袖的谈吐，红军的严格训练，国共两党的联合阵线，以及苏区抗日剧社的宣传，可以看出来。

## 思维导图

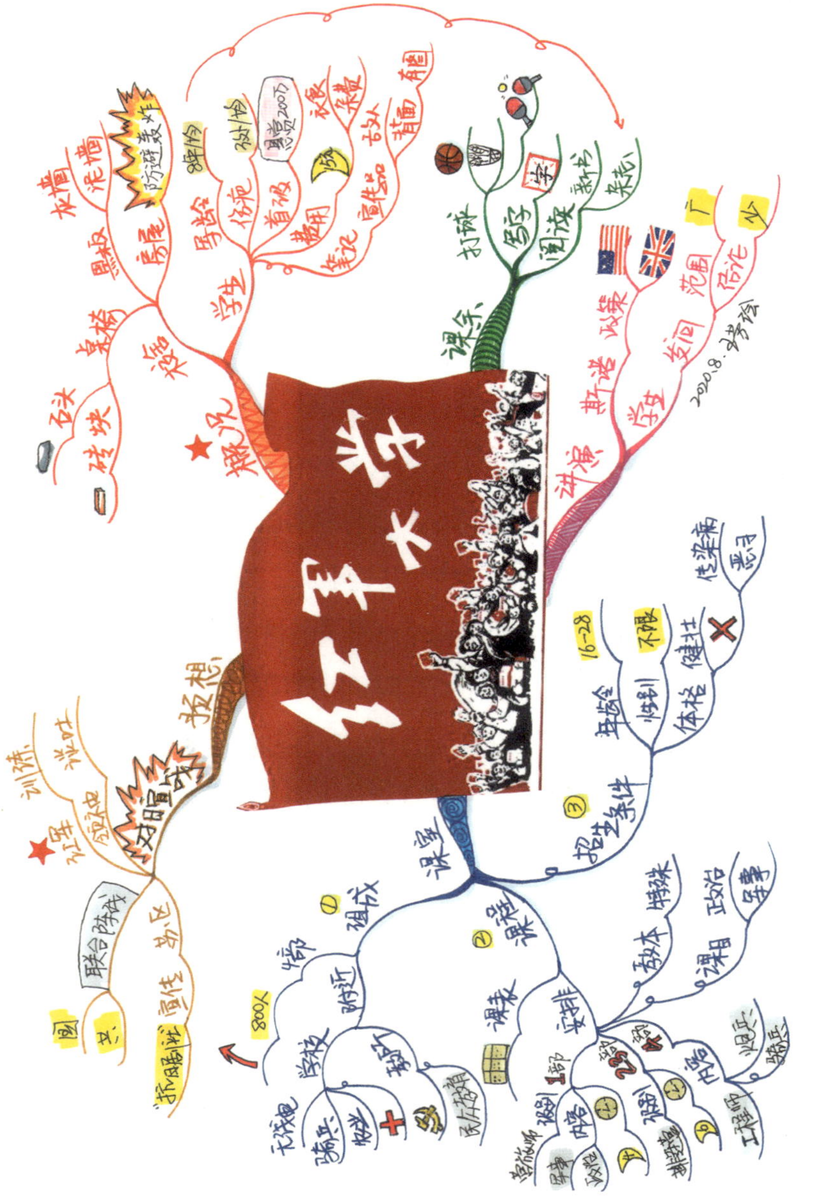


图2-30 红军大学

# 第四章 一个共产党员的来历

## 内容介绍

《一个共产党员的来历》，主要讲述毛泽东作为一个共产党员的童年经历，以及在长沙学习和从军的经历，还有红军成长的漫长而又艰难的历史过程。

## 导图解析

这幅思维导图绘制了《红星照耀中国》第四章，中心图是毛泽东的头像和一面党旗。

思维导图根据毛泽东的经历，以地址为线索分为七部分。

第一部分：韶山。这部分介绍毛泽东的童年。由于父亲的勤劳，做小生意，积攒了钱，买了地，家庭从贫农变为地主。童年的毛泽东早上做工，晚上学算盘，帮父亲记账。辍学回家以后，毛泽东晚上读《盛世危言》，思考农民的问题。

第二部分：湘乡。毛泽东16岁，来到母亲家地上学，接受了新思想。

第三部分：长沙①。剪刀的图像，表示剪。猪尾巴，指辫子。毛泽东听了黎元洪一个军官的演讲，就参加了黎元洪的革命军。每月的饷银，毛泽东除了伙食、买水，剩下的都用来买报纸。后来，他来到湖南第一师范学校求学，读了很多书。游泳的图像，表示毛泽东的健身方式。这个时期，毛泽东产生了反帝反军阀的思想。

第四部分：北大。这部分介绍了毛泽东在北大的活动、工作和结交的人士。一支笔的图像，表示记笔记。书架的图像，表示图书馆。

第五部分：上海。在这里，毛泽东见到了中国共产党主要创始人之一

## 思维导图

图2-31 一个共产党员的来历

陈独秀。

第六部分：湖南。毛泽东组织了农民运动，认识到农民的重要性，呼应了他在童年思考的农民问题。

第七部分：长沙②。毛泽东再次回到长沙，发动了著名的秋收起义，开辟了井冈山革命根据地，建立了红色政权。这部分多用图文框，突出重点，表现主题。

# 第五章（三）大渡河上的英雄

## 内容介绍

红军强渡大渡河是长征中的一件大事。为冲破敌军的围困，刘伯承和彝族首领建立了深厚的情谊，红军得以跨过彝族地区，飞过安顺场和泸定桥，终于跳出了敌军的包围圈。这部分描述了红军如何强渡大渡河的过程，写出了红军大无畏的英豪风范和势在必得的坚强信念。

## 导图解析

这幅思维导图绘制的是《红星照耀中国》第五章（三），中心图描绘了红军战士冒着敌人的枪林弹雨，强渡大渡河的情景。

思维导图根据内容分为四部分。

第一部分：教训。蒋介石希望红军在这里重演石达开的历史悲剧。

第二部分：改错。快进，添加了快进符号，强调了主题。彝族的仇视，添加了表情符号。“×”表示彝族不让红军过边界。刘伯承用杀鸡喝鸡血的方法，和彝族兄弟盟誓，使得红军顺利过境。

第三部分：过河。红军的前锋夺船过大渡河，为夺桥打下了基础。树林，用图像表示。看见、渡船、16 人，添加了图像表示。

第四部分：夺桥。这部分叙写了红军部队夺桥，强渡大渡河的壮举，表现了红军战士不怕牺牲的英雄主义精神。当红军胜利渡过大渡河时，两岸的红军高喊：“红军万岁！大渡河英雄万岁！”

## 思维导图

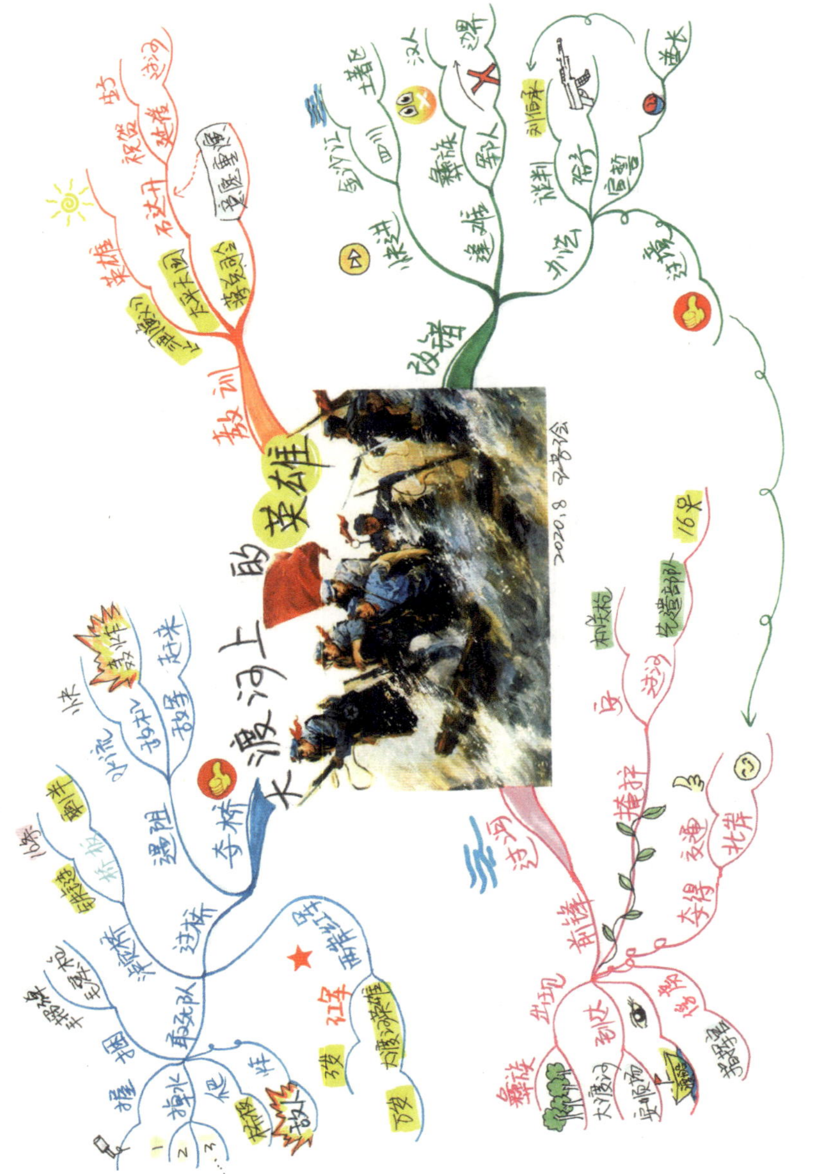


图2-32 大渡河上的英雄

# 第八章（一）真的红军

## 内容介绍

“跟着我来，弟兄们！”为什么中国红军能生存这些年，那必须稍微看一看他们的内部精神，他们的军纪和战争志愿，以及他们的训练方法。或者更重要的，是他们的政治和军事领导。(《红星照耀中国》)

## 导图解析

这幅思维导图绘制的是《红星照耀中国》第八章（一），中心图是五星红旗下，两个红军小战士在敬礼，又萌又可爱。“红军”两个字涂了黄色，表示强调。

思维导图根据原著内容分为七部分。

第一部分：年龄。无论士兵，还是军官，都很年轻。

第二部分：婚姻。这里的离婚，是指红军战士为了革命，舍弃家庭和妻子。红军女党员，嫁给了红军中的职员。

第三部分：生活。从衣食住，可见红军战士、军官的平等。军官的薪金低，但是没有贪财的。士兵们的私田，自己种，自己不在的时候，家人或者红军帮着种。不在苏区的，就在公田里领取收益。

第四部分：给养。红军的衣食自给自足，武装从敌人那里夺来。

第五部分：纪律。这部分从道德、习惯和称呼方面展示了红军严明的纪律。

第六部分：觉悟。战场上，因为军队将领冲锋在前，所以死得多。伤病员们，有的少了胳膊，有的少了腿，也有的全身伤疤，他们依然乐观。胳膊、腿，添加了图像表示。红军的来源大部分是农民和工人。在识字写

## 思维导图

图2-33 真的红军

字中，表现好的奖品是笔记本和笔，红军战士觉得很珍贵。

第七部分：生存。红军为什么能生存下去？斯诺从政治、志向、精神、军事、军纪等方面做了全面的总结。

# 第十章（四）朱德

## 内容介绍

在这个革命战争中……他（朱德）永不会被杀。人们只以为他的肉体不能被毁灭，这是错误的。不能被毁灭的，却是朱德的精神。这种精神将在未来许多世代中继续鼓励中国的自由战士追求他们时代的最高目标。——《红星照耀中国》

## 导图解析

这幅思维导图绘制了《红星照耀中国》第十章（四），中心图是朱德的头像和五星红旗。

思维导图按照原著内容划分为五部分。

第一部分：信息。这个关于朱德的神奇传说，同学们可以回忆一下，加深对朱德的认识。房子的图像，代表家庭。朱德平时没有脾气，在战阵中，容易发怒。发怒，添加了表情符号。

第二部分：经历。这部分全面展现了朱德从求学到领导红军革命的历程。

第三部分：生活。朱德平易近人，和士兵们同吃同衣同住，表现了红军领袖的伟大人格。脚印的图像，表示朱德早期赤脚的特点。

第四部分：待人。朱德和战士们坐在一起说故事，倾听战士的诉说，和战士如同一家人。他还帮助农民种田、收割庄稼，对农民有很深的阶级感情。爱心符号，突出了朱德和战士的感情。

第五部分：战术。朱德擅长游击战，插图很好地表现了这一点。

## 思维导图

图2-34 朱德

# 毛泽东读书启示录

## 内容介绍

这部分记叙了毛泽东在湘潭、长沙、北大不同时期的读书活动，可以清晰地看到毛泽东的马克主义思想形成的路径。

## 导图解析

中心图绘制了打开的书和毛泽东站着读书的情景，突出了主题。

思维导图从毛泽东的读书经历角度分为四部分。

第一部分：湘潭。毛泽东从小喜欢传奇小说和叛变故事。爱心符号，表示喜欢。后来毛泽东发现书中没有农民，引起他的思考。再后来，毛泽东读书的范围越来越广，逐渐接受了新思想、新思潮，崇拜康有为和梁启超。“×”表示没有。

第二部分：长沙。这部分划分为四层。第一层，在长沙的中学，毛泽东读民办报，剪贴文章。嘴的图像，表示读。第二层，在军队，毛泽东用薪金买报纸读，并且和大家讨论社会主义，关注学校关于肥皂和商业的广告。第三层，在湖南省立图书馆，毛泽东进行自我教育，阅读了大量的书籍，类别多，范围广。地球的图像，表示世界。逻辑、法律，添加了图像，加深理解和记忆。第四层，在湖南第一师范学校，毛泽东读书的范围进一步扩大，还开始写《心之力》。

第三部分：北大。这部分叙写的是毛泽东在北京大学做图书管理员时的读书情况。在此期间，他的马克思主义思想逐渐形成。嘴的图像，这里表示参加。

第四部分：感悟。毛泽东的读书经历给我们以启发。多读书开阔视野；

## 思维导图

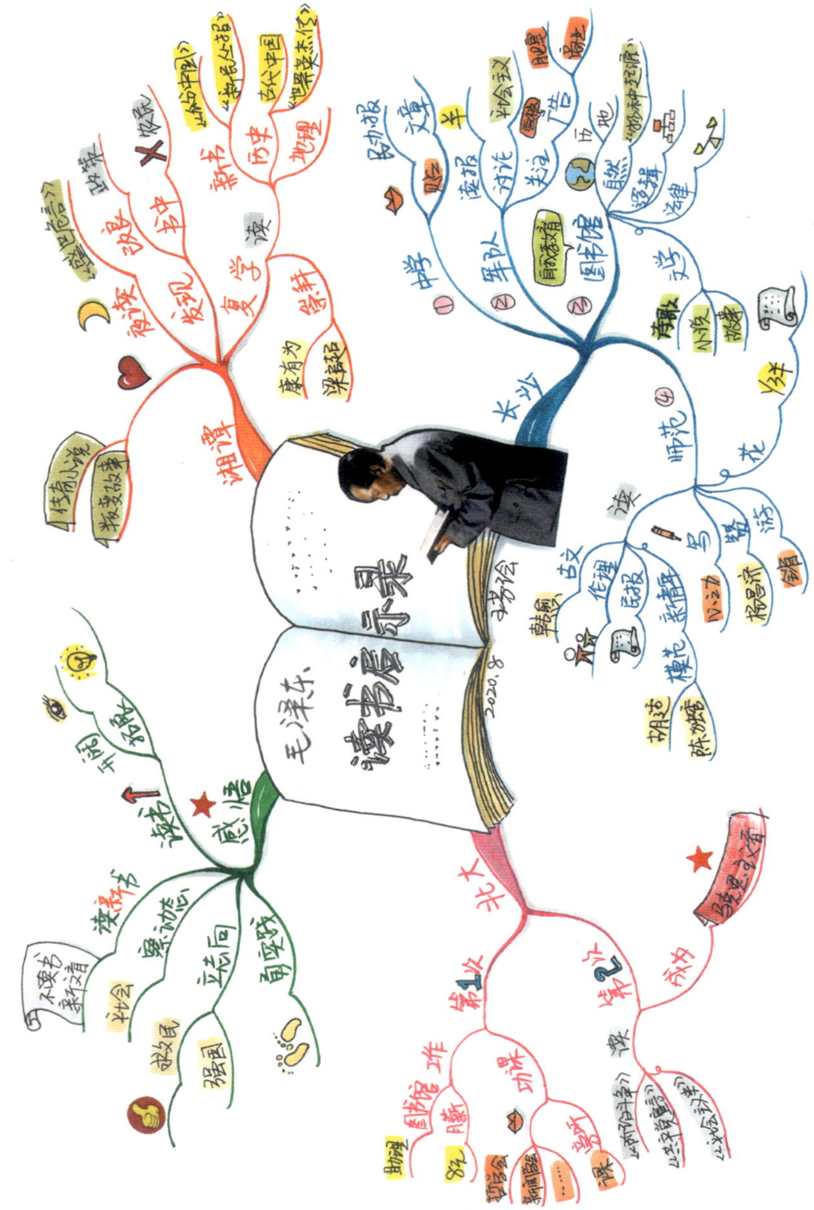


图2-35 毛泽东读书启示录

读新书，不读书就是新的文盲；时时刻刻关注社会；树立为国为民的远大志向；努力奋斗是根本。眼睛的图像，表示眼界。灯泡的图像，表示想法、思维。不读书，新文盲，用卷轴突出。两个脚印的图像，表示实践。

# 《昆虫记》

## 蝉

### 内容介绍

作者介绍了蝉从出穴、脱皮、产卵到再次入地的全过程。

### 导图解析

这幅思维导图绘制的是法布尔《昆虫记》里的《蝉》，中心图是一只趴在树上的蝉，正在津津有味地吸吮着树的汁液。

思维导图按照蝉的成长过程分为四部分。

第一部分：出穴。蝉洞穴的外部，道路、阳光和泥土，添加了插图表示。内部，从三个方面介绍：第一层，隧道。挖掘，用图像替代。隧道的底、顶和厚土，添加了辅助图像，有助于理解和记忆。第二层，墙壁。时间，闹钟表示。烂泥、涂、灰泥、爬上和爬下，添加了图像表示。第三层，天花板，用图像替代。气候恶劣了，蝉的天花板（土层）厚。竖起的大拇指，表示气候好了。蝉爬上来、观察，添加了插图表示。风雨、隧道，用图像表示。温暖、爪、击碎和地面，依次添加图像表示。

第二部分：脱皮。这部分从裂、出和演三个方面介绍蝉的脱皮过程。裂，蝉体、淡绿，用图像表示。出，头部、吸管、前腿、后腿、翅膀，添加了插图，表示出来的过程。演，跳舞的插图替代。翼、伸直，用图像表示。前爪钩空皮，添加插图表示过程，生动形象，活灵活现。

第三部分：产卵。这部分从寻枝、钻孔、生卵和遇险四个方面介绍。寻枝，枯草、铅笔，图形替代。钻孔，图像表示。尖利、纤维、小孔和狭

## 思维导图

图2-36 蝉

窄，添加了插图，形象逼真，刺激视觉。生卵，辅助图像。小孔、10个卵和一个枯枝，添加了图像表示。遇险，蚋、蝉和多卵，用图像表示。

第四部分：入地。从落地和藏身两个方面介绍。落地，摇荡的辅助图像，动感明显。危，添加了警示符号，突出主题。藏身，软土、土穴，用图像表示。

蝉的一生，出于斯，入于斯。人的一生，又何尝不是？

# 蟋蟀的住宅

## 内容介绍

那微斜的门口，经过仔细耙扫，收拾得很平坦。这就是蟋蟀的平台。当四周很安静的时候，蟋蟀就在这平台上弹琴。——《昆虫记》

## 导图解析

这幅思维导图绘制了《昆虫记》里《蟋蟀的住宅》，中心图描绘了一只蟋蟀正在奔向自己的住宅。周围是绿草、平地。

思维导图依据文章内容分为四部分。

第一部分：出名。蟋蟀不仅因为唱歌而出名，它的住宅也别有特点。唱歌，图像表示。住宅，别的昆虫，添加了毛毛虫的图像，刺激记忆。不费时间、弃之不吝，添加了插图，表现了别的昆虫住宅的特点，和蟋蟀的住宅形成对比，突出蟋蟀的伟大。蟋蟀，图像替代。排水、优良、挖掘，图像表示。

第二部分：特点。外部，第一层，向阳、堤岸，图像替代。第二层，出口、一丛草，图像表示。第三层，隧道，图像表示。“斜”，运用图像字，突出了斜。弯曲，图像表示。第四层，平，运用图像字。耙扫，图像表示。第五层，弹琴，图像表示。内部，光滑、卫生，图像表示。

第三部分：建造。分别从动工、挖掘和整修三个方面介绍。第一层，动工。秋，黄色的树叶。刮风，表示寒冷。第二层，挖掘。前足、扒土、钳子、土块、后足、泥土，添加了图像表示。第三层，整修。时间，钟表表示。身长，尺子表示。

第四部分：伟大。这部分从工具的柔弱，住宅的舒适，蟋蟀工作的吃

## 思维导图

图2-37 蟋蟀的住宅

苦耐劳、不辞辛苦、坚持不懈等方面，表现了蟋蟀工程的伟大，也是蟋蟀精神的伟大。工具，图像表示。柔弱，添加了辅助图像。房子，表示住宅。人躺着，表示休息。两个钟表，表示两个钟头。太阳和结冰，表示有太阳的冬天。这时候，还能看到蟋蟀刨出的土。

# 螳螂的爱情

## 内容介绍

生命诚可贵，爱情价更高。一具尸体（雄螳螂），没有了头，被截去了一半的胸膛，居然还坚持着创造生命。《昆虫记》的作者法布尔，把昆虫世界当作人类世界，螳螂也有爱情。

## 导图解析

中心图描绘了雄螳螂正在双手举着玫瑰，送给他心爱的雌螳螂。

思维导图按照事情的发展分为三部分。

第一部分：共处。这部分写作者的实验和观察。先在同一个网罩里放几只到十几只螳螂，观察雌螳螂的表现。网罩、雌螳螂、穹顶，图像替代。当作者一天两次给蝗虫作为食物，螳螂不找邻居的麻烦。蝗虫、一天、咀嚼、邻居，添加了图像表示。

第二部分：决斗。先写了决斗的起因。雌螳螂肚子隆起，卵串成熟，交配临近，互相开始嫉妒。再写决斗的经过。分别从三个方面展开：摆姿势、战对手和重开战。第一层，转脑袋、骂的眼光和摩翅膀，添加了插图表示雌螳螂摆姿势准备决斗的过程。第二层，战旗、肚血、弯钩，图像表示。认输的白旗，拟人化，富有情趣。第三层，前爪、钳子、嘴下口，添加了图像表示。津津有味，加了嘴形的图文框，表现了雌螳螂吃姊妹的残忍。

第三部分：献身。先写雄螳螂，图像替代。送秋波，图像表示。胖胖的小姑娘，表示肥妞，拟人化。雄螳螂得到雌螳螂的许可信号后，扑在雌螳螂背上。抓紧，图像表示。当雌螳螂咬食它的时候，也不逃跑，两手还

## 思维导图

图2-38 螳螂的爱情

在紧紧地抱着雌螳螂。即使被吃得没有了头，没有了脖子，只剩下肩膀了，还抓着爱妻不放。抱紧、抓妻，图像表示。再写雌螳螂，图像替代。咬、颈头，图像表示。一口一口，添加了嘴的图像，形象化，拟人化。

一只为爱献身不松手，一只吃着爱侣美滋滋。

# 敬畏生命

## 内容介绍

法布尔因热爱大自然、热爱生命而产生了对生命的好奇心，在观察中仔细感受生命的每一个表现，执着探索真理，沉醉其间，乐此不疲。这部分提炼了“敬畏生命”的主题，展示了热爱昆虫、热爱科学的法布尔形象，以求给同学们有益的启迪。

## 导图解析

中心图绘制了法布尔的头像，周围是他热爱的昆虫在飞舞。

思维导图以法布尔的科学研究经历为线索分为四部分。

第一部分：投入。荒石园，图像表示。法布尔在这荒芜的不毛之地，饲养昆虫。钟，添加爱的符号，突出了法布尔对昆虫的热爱程度。书房、实验室，图像表示。法布尔在这里工作了后半生，最后长眠于此。

第二部分：实验。这部分叙写法布尔研究昆虫的实验过程：观察、记录和整理。船帆，表示繁，运用谐音法。培养、食性、蜕变、死亡和笔记，依次添加了插图表示，有助于记忆和理解。

第三部分：迷恋。这部分从称呼、做梦、追随和观察几个方面，表现了法布尔对昆虫的迷恋。蝎子跑到被窝、爬到脸上，法布尔不反感，这些添加了图像。爱的符号里一朵玫瑰，突出了法布尔爱昆虫的执着。

第四部分：描写。在法布尔生花的妙笔下，那些昆虫栩栩如生。他擅长运用拟人的手法描写昆虫世界。寄生虫，匆匆忙忙、耐心、守候、鬼鬼祟祟，蟋蟀的毫不介意、喘口气、溜达，蝉的唱歌、偷，蚂蚁的无奈，无不惟妙惟肖，生动感人。

## 思维导图

图2-39 敬畏生命

法布尔将昆虫的生活与人类社会巧妙地联系起来，把人类社会的道德和认识体系搬到了他笔下的昆虫世界里，作者的情感随昆虫命运的变化而变化。法布尔向读者传达了他的人文精神和对生命的热爱。

# 《傅雷家书》

## 《傅雷家书》全书

### 内容介绍

《傅雷家书》是一本家书信集，将深刻而热烈的情感渗透在每一封朴实的“家书”中。傅雷以自身的经验为例，教会孩子“怎样为人处世”和“怎样处理生活中出现的种种问题”。“面临困难要不气馁，获得殊荣不要炫耀，成为一个德艺俱备、人品优秀的艺术家”是他对儿子的厚望。《傅雷家书》是傅雷先生生活思想的一个反映，也可以说是傅雷毕生最主要的作品。他和儿子之间的书信，表达了他对儿子的苦心孤诣，也准确、全面地表达了傅雷的思想。每一句家常话，如山间潺潺清溪般细水长流、谆谆教诲，书中也无处不表达着强烈的父母之爱。这份爸爸妈妈的亲情如透明的结晶体，又如无瑕的白璧般纯真挚朴，毫无虚假，没有半点装腔作势。出版后，其意义大大超出了“家庭”的范畴，也远远超越了“父子”之情。或许每位父母对他的儿女都关爱有加，但在关爱的同时，也不忘记对其进行音乐、艺术、哲学、历史、文化以及身心健康，尤其是做人、爱国等全方位的教育，纵使如此之大的中国，能够达到此种境界的，也寥寥无几。因为这实在有太多的“门槛”，如果父母中西贯通，孩子知书达理，并且父子双方都有了足够的共识，这就必然是需要建立在相互尊重与爱护的基础上，而且中国父亲也需要有一种赤诚的爱国之心，所以傅雷夫妇才不愧为中国式父母的楷模。能读到这样的“家书”，是我们每一个读者的幸运。

## 思维导图

图2-40 《傅雷家书》全书

## 导图解析

这是《傅雷家书》全书总图，中心图是傅雷的头像，一副眼镜，尽显文人气息，一双深邃的眼睛，内涵智慧，让人感受到一位循循善诱、谆谆教诲的父亲形象。

思维导图按照《傅雷家书》的主要内容分为四部分。

第一部分：谈。傅雷先生把儿子“当作一个讨论艺术，讨论音乐的对手”。这部分分为两层：谈艺术和谈文化。谈艺术，傅雷和儿子谈名人，谈参加音乐会的感受，谈儿子的演出和演奏，谈儿子对音乐的直觉，谈儿子仍需要理论方面的学习等。辅助图像太阳，表现了名人的意义之大。钢琴和音乐的图像符号，表示这几位都是钢琴大师。谈文化部分，谈历史和音乐的关系，谈绘画、文学、哲学，还不断给儿子邮寄中外经典著作。理论，添加了书的图像，突出它的重要性。历史，添加了辅助图像，强调一下。一个指向标的图像，表示哲学的意义——指引着一代又一代人前进的方向。

第二部分：得。傅雷想激发出儿子一些青年人的感想，让他这个做父亲的得些新鲜的“养料”。一方面，傅雷希望通过自己对人生和艺术的理解，教育和引导儿子，激发儿子通过书信的方式畅谈在异地他乡学练和生活的收获、以此来及时发现儿子的各种问题，给予帮助和指导；另一方面，傅雷希望从儿子的成长过程中获得新的思想、艺术和生活的感悟。问号，表示问题。房子的图像，表示家，加深了对异乡的理解。辅助图像盛满水果的篮子，形象地突出了收获的内涵。

第三部分：练。这部分叙写傅雷通过书信训练儿子的文笔和思想。训练文笔的方法和途径就是写信。傅雷和儿子通过书信来往训练理性，发现新观念，产生对人生、音乐和钢琴技巧的新启发。傅雷通过写信教育儿子学做人、有大爱。闪光的灯泡，表示思想。爱的符号，添加上张开的双手，表示大爱。

第四部分：做。傅雷希望随时随地给儿子做警钟，做镜子，包括做人、生活和艺术方面。做人，傅雷在翻译方面，严格要求自己，为儿子树立一个严肃认真、一丝不苟的榜样。大树的图像，运用谐音，表示树立。自我，添加了头像辅助理解。衣服的图像，使得衣着打扮形象化。姿态的卡通图像，增加了情趣。

# 赤子之心

## 内容介绍

这是1955年1月26日傅雷写给儿子的信——世界上最高的最纯洁的欢乐，莫过于欣赏艺术，更莫过于欣赏自己的孩子的手和心传达出来的艺术。——《傅雷家书》

## 导图解析

中心图描绘的是一个面容纯真的小和尚坐在荷花上，佛前听经的状态，以此来表达赤子之心的主题。

思维导图按照书信的内容分为三部分。

第一部分：礼物。主干插图，使得礼物具象化。这是写傅雷盼望新年，新年到了，儿子也就回来了。这是儿子给予父母最好的礼物。书信，图像强调一下。

第二部分：喜讯。儿子钢琴表演获得大奖，是莫大的喜讯。借此，傅雷从快乐、光荣、欣慰和激励四个方面，表达了自己的高兴，也对儿子提出了告诫。傅雷的快乐，一个是来自儿子手和心的艺术表达，一个是因为儿子为国增光，服务人民。手和心的图像，表达了傅雷对儿子艺术领悟的深切感受。地球的图像，突出光荣的意义之大。镜子的图像，表现了心灵的纯洁。钟声的插图，动感突出，使人好像听到敲钟的声音。高山、大河的图像，是祖国的象征，表达了傅雷的爱国之情。

第三部分：问题。这部分是傅雷和儿子谈艺术的矛盾。一个是技巧与理想的矛盾，一个是对待矛盾的态度，再就是如何解决矛盾，思路清晰，论证严谨，说理透彻，令人信服。小人儿坐在台子上，表示"等"。

## 思维导图

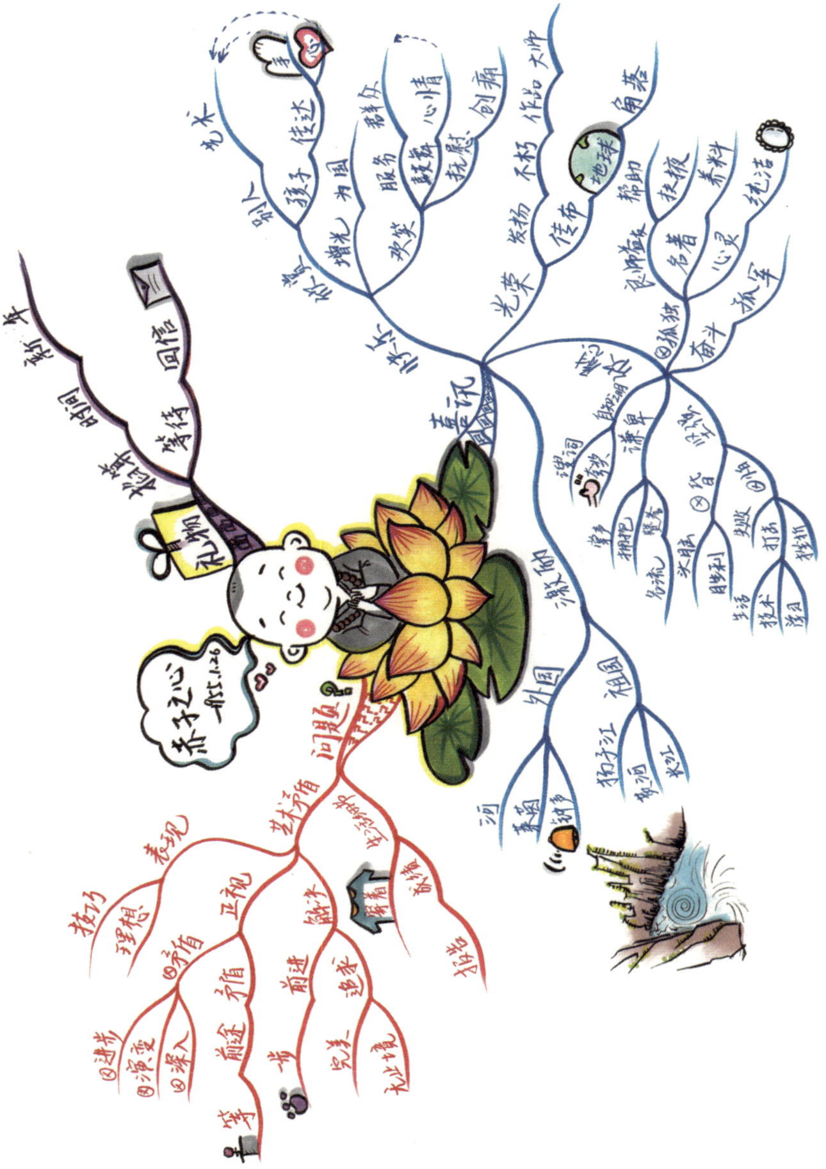


图2-41 赤子之心

# 面对挫折

## 内容介绍

这是傅雷在儿子遇到挫折的时候，通过书信教育孩子如何面对，时间是 1954 年 10 月 2 日：人一辈子都在高潮—低潮中浮沉，唯有庸碌的人，生活才如死水一般；或者要有极高的修养，方能廓然无累，真正的解脱。——《傅雷家书》

## 导图解析

中心图是一位攀岩的勇士，一步一钉，不惧危险，勇攀高峰。

思维导图按照书信的内容分为四部分。

第一部分：倾听。主干插图耳朵和声音符号，突出了关键词“倾听”。在儿子遇到挫折时，父亲认真倾听儿子的心声。“预”“未来”，是指未来还会有挫折的。发泄，添加了辅助图像。

第二部分：开导。这部分傅雷通过比喻，让儿子正视挫折；书信举了约翰·克利斯朵夫的例子，告诉儿子如何对付生活中的挫折，要平衡心态，分析因果，汲取教训，学会坚强，最终实现自己的人生理想。人面对面的图像，表示正视。太阳的图像，强调了强烈的主题。两个画等号的爱心，表示平衡心态。汲取，添加了辅助图像。

第三部分：建议。创伤，添加了图像，加深理解。创伤和灰烬的连接线，表示把感情的创伤当作心灵的灰烬。看的时候，感触万端，要把它当作古战场，心怀凭吊之心。建议儿子，遇到痛苦的时候，拿出信来重读。

第四部分：关心。“花”的插图，衬托了关心的美好。寄辞典、嘱穿衣，生活细节多关心，一个父亲的爱，表露无遗。英汉辞典图像，有助于记忆。

## 思维导图

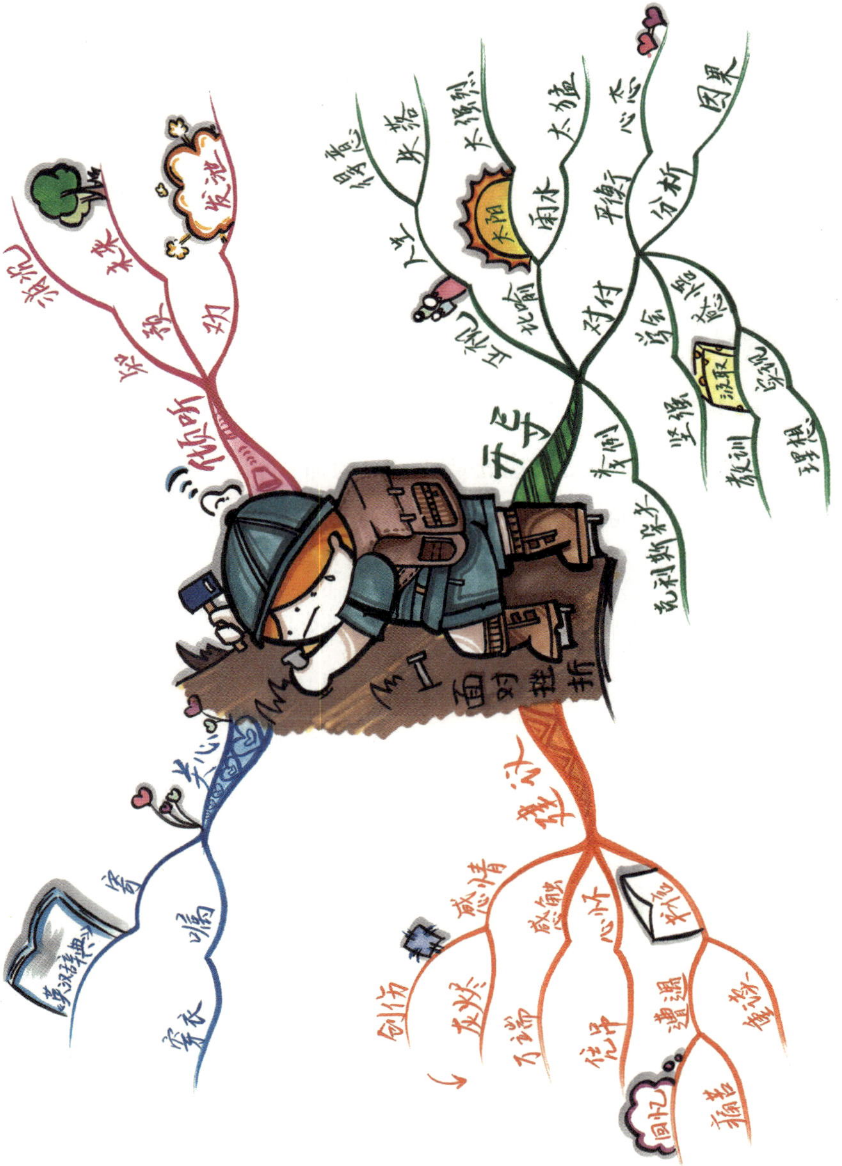


图2-42 面对挫折

# 可怜天下父母心

## 内容介绍

一个人太容易满足，固然不行，太不知足而引起许多不现实的幻想也不是健全的！做一个名人，也是有很大的危险的，孩子，可怕的敌人不一定是面目狰狞的，和颜悦色、一腔热爱的友情，有时也会耽误你许许多多的宝贵光阴。——《傅雷家书》

## 导图解析

这是《傅雷家书》1955 年 4 月 21 日的书信，思维导图提炼的主题是“可怜天下父母心”。中心图表达的是父母心为何：如同大树呵护小树苗，为其抵挡风吹，抵挡日晒，倾尽所有，伴其成长，直至暮年，仍不改其心，殷殷双目，不离其子。

思维导图依据书信的内容分为五部分。

第一部分：丢信。这部分叙写傅雷没有收到儿子比赛后的长信，又赶上 3 月 30 日是傅雷的生日，儿子也没个音讯的那种焦急、那种失望、那种痛苦、那种胡乱猜测的复杂心情。结果是邮局把信弄丢了，害人不浅。盼、焦急、听、写和写信，添加了辅助图像，给单调的文字增加了一点情调。

第二部分：备物。这部分是回忆傅雷夫妇为儿子准备他要的东西。速办，添加了闹钟，表示定时，突出了父母为儿子准备东西的急切心情。可是寄出去就没有音讯了，收没收到，也不提，怎么分配的，也不报告，获得的奖金，也不知道会不会理财。还拿杰老师的周到做对比。真是可怜天下父母心啊。

## 思维导图

图2-43 可怜天下父母心

第三部分：学艺。这部分是对儿子学习艺术方面的嘱咐。美感，图文框强调一下。掌声的图像，突出重点，让儿子不要骄傲。向上的箭头，表示儿子的才具之高。

第四部分：交友。主干插图两个人中间爱心连接，表示交朋友，新颖别致。汲新，这里是傅雷从儿子那里学得新东西。傅雷要做儿子的手杖。等儿子觉得绊脚的时候，傅雷就退出了。傅雷还告诉儿子，他遇到问题时都是和朋友、同行商量。

第五部分：从师。这部分是杰老师跟傅雷谈傅聪的情况。少谈、交往，是说的傅聪。愿意指导技巧，是指杰老师。杰老师希望傅聪平衡情绪和感情。

# 爱艺术爱祖国

## 内容介绍

尽管人生那么无情，我们本人还是应当把自己尽量改好，少给人一些痛苦，多给人一些快乐。说来说去，我仍抱着“宁天下人负我，毋我负天下人”的心愿。

——《傅雷家书》

## 导图解析

这是《傅雷家书》1956 年 10 月 3 日一封信的内容，思维导图提炼的主题是“爱艺术，爱祖国”。中心图表达的是：爱，由心而发，胸前一颗红心永远跳动。爱艺术，见草如春，一叶知秋；爱祖国，五星红旗迎风飘扬。

思维导图依据书信内容划分为四部分。

第一部分：爱。二级分支第一个图像，表示父爱；第二个图像，表示子爱。傅雷爱自己的儿子，因为他是父母的骨肉；傅雷爱儿子身上焕发出来的才华；傅雷把儿子当作一件艺术品而爱他。傅雷希望儿子自爱，爱艺术，爱祖国。

第二部分：导。傅雷希望儿子把理智用在乐曲方面，用在感情方面，用在生活的一切方面。乐曲，添加了音乐符号，帮助记忆。傅雷希望儿子客观地审视自己的艺术前途；主观上为了祖国，时时刻刻战战兢兢、郑重其事，甚至牺牲自己目前的感情。民族艺术，添加了中国结，富有表现力。

第三部分：盼。盼望儿子长大，走好自己下一半的人生之路。傅雷说，自己到了人生的秋季，思想落后了，希望儿子靠自己，盼望儿子的人生开

## 思维导图

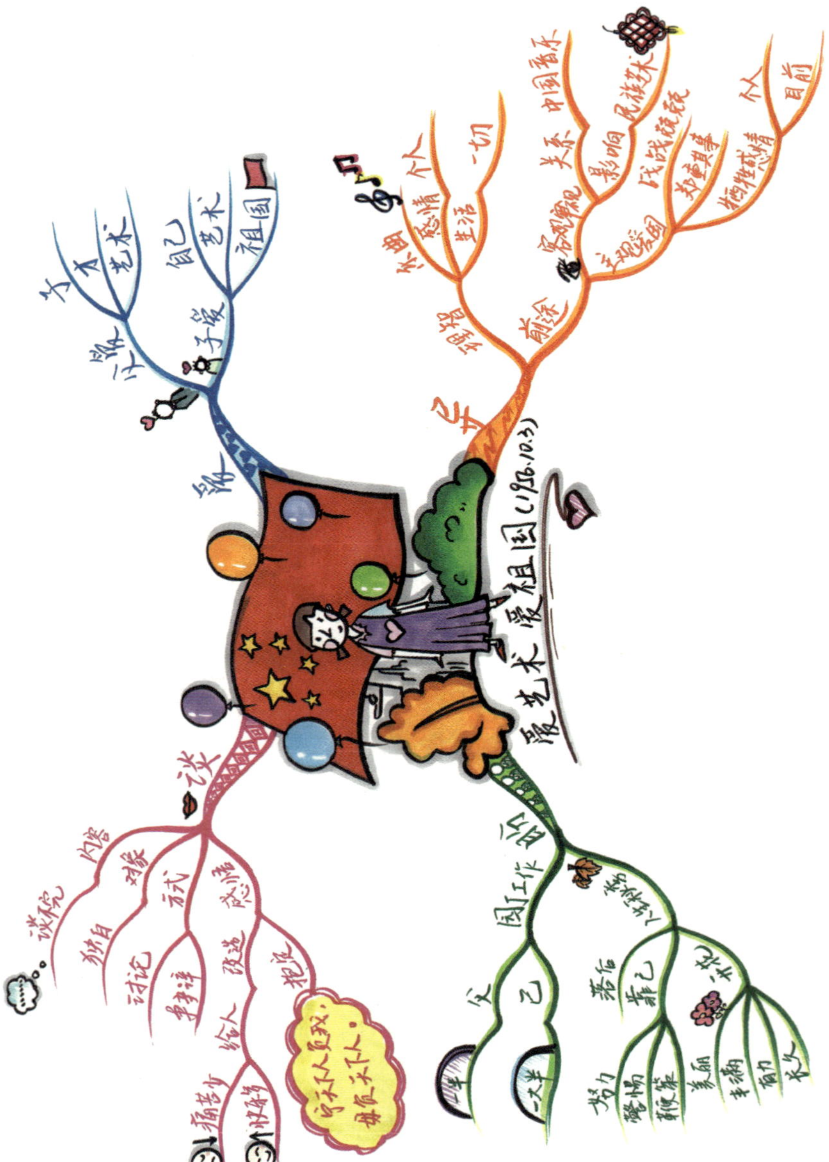


图2-44 爱艺术爱祖国

出美丽的花朵。一半、秋季、开花，添加了图像表示，增强了思维导图的表现力。

第四部分：谈。这部分叙写傅雷的人生感悟："宁天下人负我，毋负天下人。"这是傅雷一生的真实写照。傅雷把和儿子交谈，当作和自己交谈；和儿子的讨论、争辩，当作和自己的讨论、争辩，简直就是自己的独白。这是人生莫大的幸福。表情符号和向下的箭头，表示痛苦少。表情符号和向上的箭头，表示快乐多。

# 傅聪的成长

## 内容介绍

《傅聪的成长》是傅雷对傅聪艺术人生成长的总结，“家庭是孩子的第一所学校，父母是孩子的第一任老师。好的教育是正确地引导，人格教育是首要目标”。——《傅雷家书》

## 导图解析

中心图一个小男孩坐在钢琴前，弹奏美妙的音乐，琴盖上写着“傅聪的成长”。

思维导图依据文章内容分为五部分。

第一部分：观念。傅雷认为人格最重要，艺术是人的成长之一，而不是唯一。在童年和少年时期，就要在伦理和道德方面灌输做人之道。

第二部分：成长。这部分按照时间顺序叙写了傅聪的成长。古典音乐，添加辅助图像。英文，辅以 ABC，易记。方法，扳子表示。

第三部分：成绩。这部分从老师、苏联选手、教授、巴钢琴家、意教授和英评判员的称赞及评价方面展现了傅聪杰出的钢琴艺术成就。拍手的图像，表示称赞。“民族的就是世界的”，运用图文框突出了重点主题。书信的图像，有助记忆。

第四部分：感悟。主干爱心的图像，表示心里的感悟，切合主题。傅雷总结了傅聪在事业上取得成功的原因：热爱，用功，勤于思考，不断开拓视野，积极关注社会。

第五部分：原则。这是傅雷人生的总结：做人第一，艺术第二，第三才是音乐家，第四是钢琴家。序号表示先后顺序，有利于突出主题。

## 思维导图

图2-45 傅聪的成长

# 《钢铁是怎样炼成的》

## 《钢铁是怎样炼成的》全书

### 内容介绍

尼·奥斯特洛夫斯基，苏联作家，坚定的布尔什维克战士、最伟大的无产阶级文学家、列宁勋章获得者。他凭借惊人的毅力，在家人和朋友的帮助下，将自己真实的生活经历，写成自传体长篇小说《钢铁是怎样炼成的》。

主人公保尔身世悲惨，出生于一个穷苦的小工人家庭，早年丧父，母亲靠帮人洗衣服挣钱把他养大。12 岁的时候他便被迫离开学校到社会上闯荡，先是在一个学校做过杂役，饱受凌辱。后来革命开始，老布尔什维克朱赫来在镇上从事地下工作，朱赫来向保尔讲述了有关战争的很多道理，就这样，在朱赫来的教育下，他也加入了革命。在修筑铁路的过程中，由于条件极其艰苦，保尔得了伤寒，体质越来越弱，导致全身瘫痪，接着又双目失明。但是他不向命运屈服，拿起笔开始了文学创作，创作了长篇小说《暴风雨所诞生的》，自此开始了新的生活。

### 导图解析

这是《钢铁是怎样炼成的》全书思维导图，中心图是书的立体封面，除了书名、作者，还有书的主人公保尔·柯察金钢铁般的头像。

思维导图按照保尔·柯察金的经历分为五部分。

第一部分：苦难。这部分叙写了保尔苦难的童年：家穷、辍学和做工。辍学部分，因为保尔听老师讲地球存在几百万年了，他要问明神甫，结果

## 思维导图

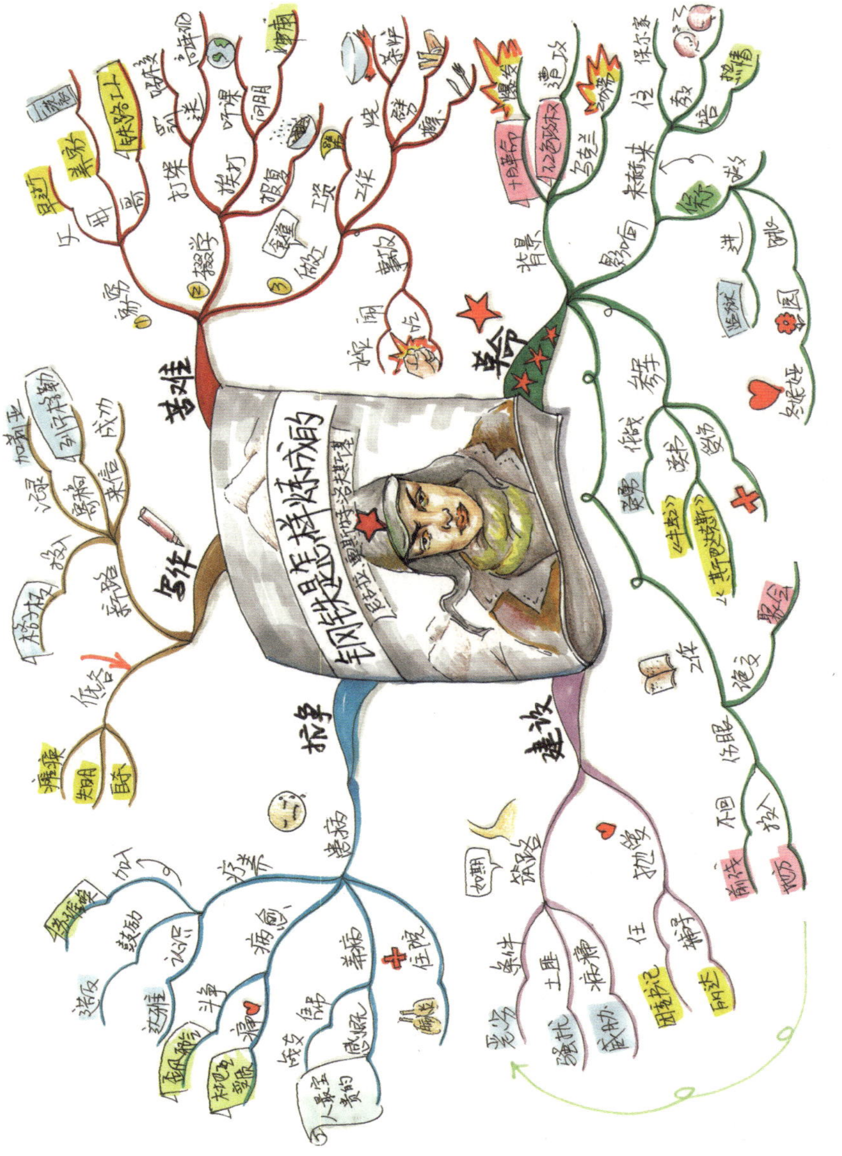


图2-46《钢铁是怎样炼成的》全书

被打。保尔往面团里放烟灰，来报复。地球、放烟灰的面团，添加了图像。做工部分，大锅、木柴、刀叉和拳头，添加了图像表示。吃拳头的图像，形象生动，富有感染力。

第二部分：革命。主干添加五星图像，突出革命的主题。背景部分，爆发和动荡，添加了警醒符号，刺激视觉。影响部分，拳击，图像替代，形象化。保尔因为救革命者朱赫来，被追杀，跳到冬妮娅的花园。结果保尔还是被抓，进了监狱。爱的符号，表示保尔与冬妮娅的感情。参军部分，十字架，表示医院。工作部分，聚会时，因为保尔带着冬妮娅，被工友讥笑冬妮娅的穿着，和工友绝交。

第三部分：建设。战争结束后，保尔积极投入到国家的建设中去。抛爱，是指保尔因为成绩突出，被任命为团委书记。女政委丽达经常帮助保尔提高认识，搞好工作。保尔渐渐地爱上了丽达，但又以革命为由牺牲了自己第二次萌动的爱情。

第四部分：抗争。这部分叙写保尔与病魔的抗争。爱的符号，表示心，连在一起的意思是痛心。保尔的人生名言，卷轴表示，突出了主题。肺炎，添加了两个肺的图像，形象易记。

第五部分：写作。保尔因为瘫痪、双目失明，曾灰心丧气，人生一度陷入低谷，想到过自杀。但坚强的革命信念又使他走出了低谷，找到了人生的新路，在极端困难的情况下，他积极投入到写作中去，并且取得了巨大的成功。低谷，添加了向下的红色箭头，醒目突出。

# 保尔死里逃生

## 内容介绍

这部分从全书提炼了“保尔死里逃生”的主题，全面展示保尔一生的英雄壮举，突出了“钢铁是怎样炼成的”这一中心。

## 导图解析

中心图描绘了保尔骑着战马，挥舞着刀剑，驰骋战场的情景，塑造了一个战斗英雄的形象。

思维导图围绕“死里逃生”这个线索分为五部分。

第一部分：救。保尔因为救革命者朱赫来，入了监狱。后来监狱放错了人，保尔第一次死里逃生。

第二部分：战。在战白军的时候，保尔腿部受伤，得了伤寒。

第三部分：入。伤好以后，保尔又加入了骑兵团，战斗中巨雷爆炸的铁片灼伤了保尔的头。保尔从马鞍上摔下来，昏迷了12天。巨雷，警醒符号强调。受伤的头，图像替代。

第四部分：做。在做肃反工作时，保尔旧伤复发，再次昏倒。醒来后，他依然咬牙坚持工作，头疼也时常发作。太阳和星星、月亮，表示从早到晚。头疼发作，图像表示。

第五部分：筑。铁路，添加了辅助图像，形象生动。这部分叙写了保尔得了肠伤寒，在筑路过程中再次昏倒。因为肠伤寒，保尔的两腿发软，可是他顽强地抵抗着。每天保尔都奋力地从铺着干草的水泥地上爬起来，和大家一起上工。保尔穿的是丽达送来的皮大衣和朱赫来送来的毡靴。可是这些对保尔无济于事，他每走一步都感觉什么东西刺胸，头晕目眩，最

## 思维导图

图2-47 保尔死里逃生

后失去平衡，倒在地上。丽达送来皮大衣、朱赫来送来毡靴和保尔头晕，图像表示。

后来，保尔又一次死里逃生，可是最终全身瘫痪，双目失明。

# 保尔与冬妮娅

## 内容介绍

这部分叙写了保尔与冬妮娅从湖边钓鱼时的相识、成为知己，到后来两个人因为观念不同而分离的故事。

## 导图解析

这部分绘制了《钢铁是怎样炼成的》保尔与冬妮娅的故事，中心图描绘了冬妮娅正在为受伤的保尔包扎的情景。

思维导图依据保尔与冬妮娅的情感发展分为五部分。

第一部分：初恋。主干爱的符号，突出主题。这部分从五个阶段全面展示了保尔与冬妮娅的初恋。

第一层，相识。钓鱼、打架，添加了插图替代。这里的打架，是指保尔正在钓鱼，机车库主任的儿子苏哈里科和律师列辛斯基的儿子维克托来找碴儿。保尔在忍无可忍的情况下，把苏哈里科拖到水里。

第二层，再遇。游泳，图像替代。保尔再次来到那个河里游泳，遇到冬妮娅。两个人交谈，赛跑，感情进一步发展。

第三层，别思。和冬妮娅再次相遇之后，保尔在看心爱的书《朱泽培·加里波第》时，读到“她用她那秀美的蓝眼睛……”，想起白天和冬妮娅在一起的情景。冬妮娅和保尔那次分手后，心里很快活，觉得保尔是另外一种类型的人。眼睛的图像，表示书中人物的蓝眼睛。

第四层，进园。冬妮娅带保尔来到她家的花园，两个人聊保尔的那本书。冬妮娅还把保尔乱蓬蓬的头发梳理得非常顺当。窗户和小人儿的图像，表示保尔跳窗而出。

## 思维导图

图2-48 保尔与冬妮娅

第五层，考验。从冬妮娅的花园出来以后，保尔变了样，和冬妮娅交心。冬妮娅为了考验保尔，开了个玩笑。头发、衣服、皮靴、放枪、爱情、跳悬崖和大哭，添加了图像表示，形象生动，易于理解。

第二部分：拌嘴。这部分写冬妮娅有意安排保尔和维克托见面，保尔却盯着维克托，露出敌意，然后跑向大门走了。见面、大门，图像表示。

第三部分：避难。这部分是叙写保尔逃出监狱后，来冬妮娅的家避难，本来不想连累冬妮娅，却被她看到了。房子的图像，表示家。

第四部分：分手。保尔负伤出院后，邀请冬妮娅参加共青团的会议，在俱乐部里，因为冬妮娅穿的花枝招展，同志们把她当外人。支部书记找保尔谈话，保尔心里也埋怨冬妮娅出风头。又一次，在公园里，冬妮娅问保尔，难道咱们的友谊像这落日吗？保尔回答说，他首先属于党，其次才是亲人。两个人因为观念不同，分手了。

第五部分：邂逅。这次是冬妮娅有了丈夫以后，见到保尔修筑铁路的情景。冬妮娅的丈夫劳动不积极，发牢骚，说保尔是穷光蛋。鸡蛋加“穷光”的图像，运用谐音，构思巧妙。冬妮娅感叹保尔叫花子，不想升官、说话粗鲁。保尔反击，冷笑。两个相爱的人，因为思想观念不同，彻底分道扬镳了。

# 筑路

## 内容介绍

暴风雪突然袭来。灰色的阴云低低地压在地面上，移动着，布满了天空，大雪纷纷飘落下来。晚上，刮起了大风，烟筒发出了呜呜的怒吼。风追逐着在树林中飞速盘旋，左躲右闪的雪花，凄厉地呼啸着，搅得整个森林惊惶不安。暴风雪咆哮不止，猖狂了一夜。——《钢铁是怎样炼成的》

## 导图解析

这是《钢铁是怎样炼成的》“筑路”部分的思维导图，中心图描述了保尔和队友一起修筑铁路的情景。

思维导图依据故事情节的发展分为六部分。

第一部分：原因。这部分叙写由于缺乏燃料，严寒困扰着人们。而铁路林木委员会主席切尔斯基绕圈子，采取不合作的态度。燃料，添加了火苗的图像，化抽象为形象，有助于记忆。

第二部分：形式。木材，添加了两个大木头的图像，立体感强。

第三部分：办法。把朱赫来的名字，放在路的图像里，表示朱赫来提出修筑铁路的办法。钟表的图像，表示时间。月亮的图像，表示三个月。轮班，添加了符号，辅助理解。

第四部分：奋战。这部分围绕“奋战”的主题，提炼了六个动作关键词：住、吃、干、守、助、赛。石房、干草、风吹雨敲、厨房、豆汤和黑面包的图像，突出了食宿的条件差。干活的过程中遇到诸多苦难，可是保尔依然坚守岗位，忘我劳动。奥达尔卡以为保尔偷懒，挖苦他。当知道了保尔的身体状况后，他拿鞋给保尔。

## 思维导图

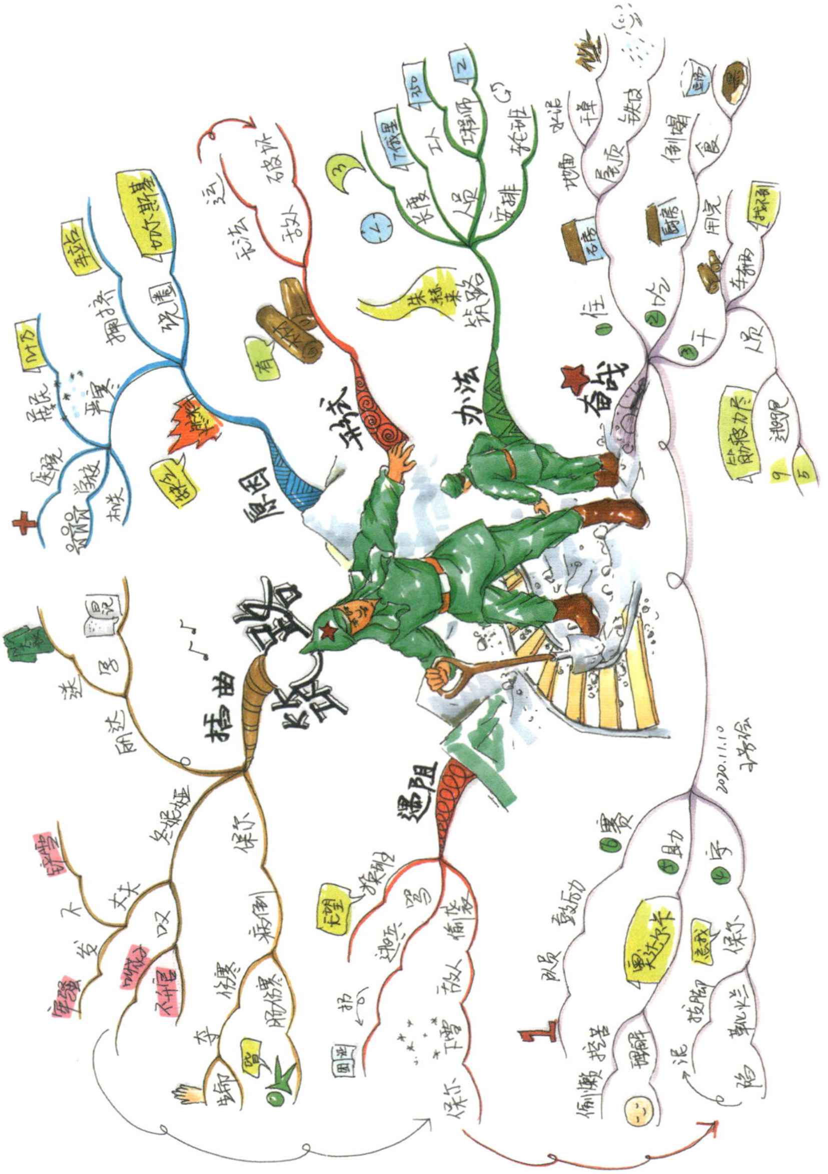


图2-49 筑路

第五部分：遇阻。在筑路过程中，遇到三方面的阻碍。第一，换班无望；第二，有人扔团证逃跑；第三，敌人偷袭。在这种情况下，保尔依然冒雪坚持劳动。

第六部分：插曲。冬妮娅因为找丈夫，再次见到保尔。保尔看到伤寒夺走了队员的双手，甚至生命。肠伤寒侵袭保尔，他又一次昏倒了。大衣、日记、手、昏倒，添加了图像表示。

这幅思维导图在关键词的安排上，富有特色。比如，“缺乏”“燃料”“有”“木材”“朱赫来”“筑路”，各把两个关键词巧妙地放在一个分支上，便于理解，突出主题，值得学习和借鉴。

# 生命的意义

## 内容介绍

这是保尔第四次跨越生死的门槛，准备回到工作岗位前，来到了烈士墓前，思索着生命的价值——人，最宝贵的是生命。生命对每个人只有一次。人的一生应当这样度过：当回首往事的时候，他不会因为虚度年华而悔恨，也不会因为碌碌无为而羞愧；临终之际，他能够说："我的整个生命和全部精力，都献给了世界上最壮丽的事业——为解放全人类而斗争。"

## 导图解析

中心图描绘了保尔受伤后躺在病床上，思考"生命的意义"的情景。

思维导图依据原著的内容分为五部分。

第一部分：跨。这部分叙写了保尔没有死于伤寒，住院一个月后重新站起来。4，表示保尔跨过 4 次死亡的门槛。窗户打开，添加了图像表示。

第二部分：诊。这部分叙写保尔来到花园散步时，又一次摔倒。摔倒，图像表示。放大镜，表示发觉。炮弹开花、石头崩和眼睛看不见，添加了图像表示。

第三部分：思。这部分是保尔来到烈士墓前的所见所想。松林、岔路口、遇害、墓地、摆满花圈、松树、嫩草和帽子，依次添加了图像，加深记忆和理解。"人最宝贵的……"这段名言，运用卷轴，突出重点。

第四部分：别。这部分写保尔出医院后，离开母亲，离开家，继续去工作。行李箱、流泪、拥抱和手风琴，添加了图像表示。

第五部分：回。这是保尔回到基辅后一系列的工作。"克制""列辛斯基"的"女儿"，说明保尔成熟了。报纸，用了卷轴。

## 思维导图

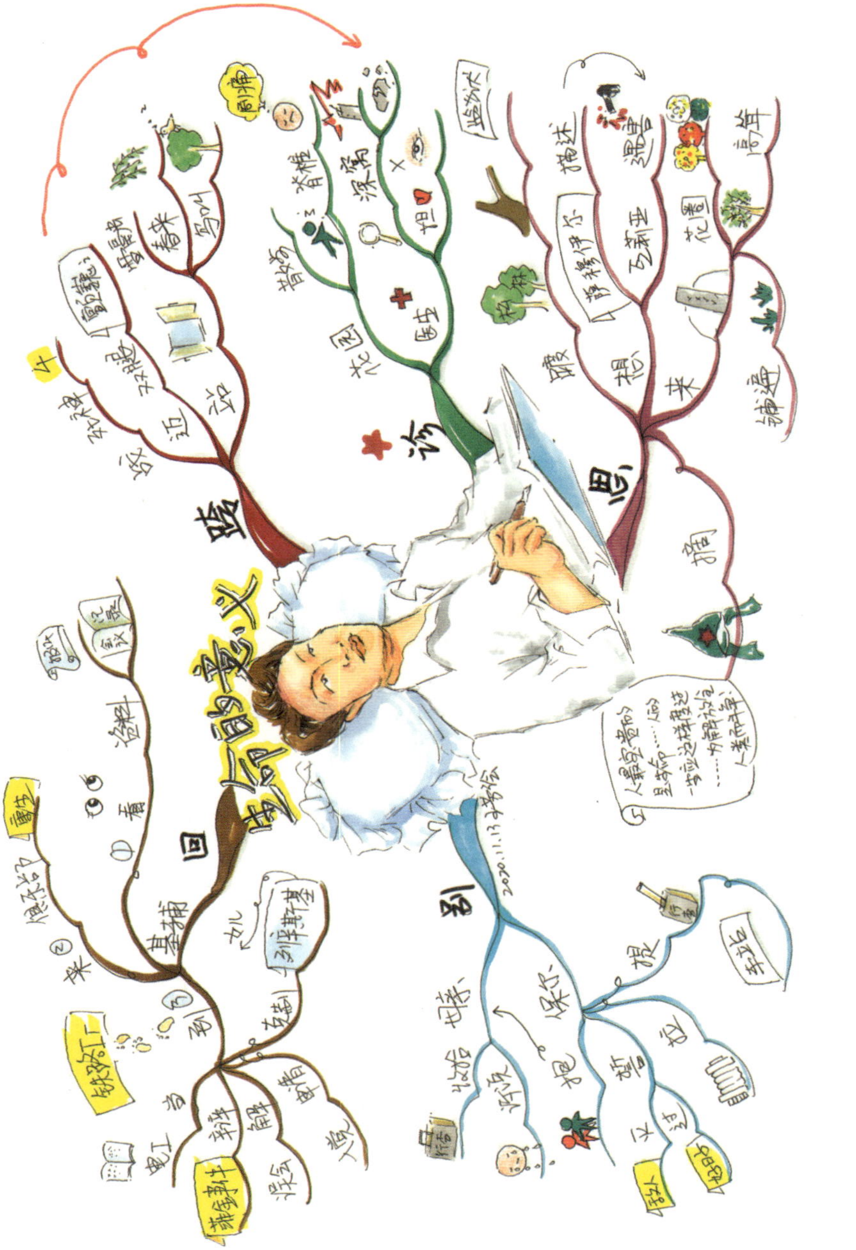

图2-50 生命的意义

# 做大写的人

## 内容介绍

这是阅读全书的感悟，提炼的主题是“做大写的人”。

## 导图解析

中心图绘制了打开的笔记本，上面写着中心主题，“人”字放在米字格里，强调其重要性。蹙眉的保尔（也许是我们）正在思考人生之路。

思维导图依据阅读感悟从四个方面展开。

第一部分：立志。这部分从保尔的人生经历提炼主题为“立志”。嫉恶如仇，添加了警示符号，突出了保尔的性格特点。房子的图像和保尔的名字组合，表示保尔家。革命，添加了火苗的图像，表示热情、激情。

第二部分：奋斗。这部分叙写保尔奋斗的一生，他自始至终没有为自己，全心全意为革命，一心一意为国家，这种高尚的献身精神，给我们的人生以有益的启迪：要做大写的人。太阳，表示白天；月亮，表示夜晚。铁路、民工、石房、黑面包，添加了图像，辅助理解和记忆。

第三部分：考验。这部分写保尔经受住了被捕入狱，四次死里逃生，为了革命放弃爱情，为了工作舍弃孝心，因为瘫痪想到自杀的人生考验。保尔，添加了军人的头盔。侦察，添加了望远镜的图像。昏倒，图像替代。抛爱，添加了爱心裂开的图像，突出了内心的痛苦。为了理想，就要经受住各种考验，甚至是撕心裂肺的考验、生死的考验。

第四部分：成钢。最终保尔成为一个世人敬仰的革命者，新国家的建设者，伟大的作家。我们每一个人，每一个有志青年，只要坚持不懈，持之以恒，不畏艰难险阻，经受住暴风雨的考验，也一定会成为“大写的人”。

## 思维导图

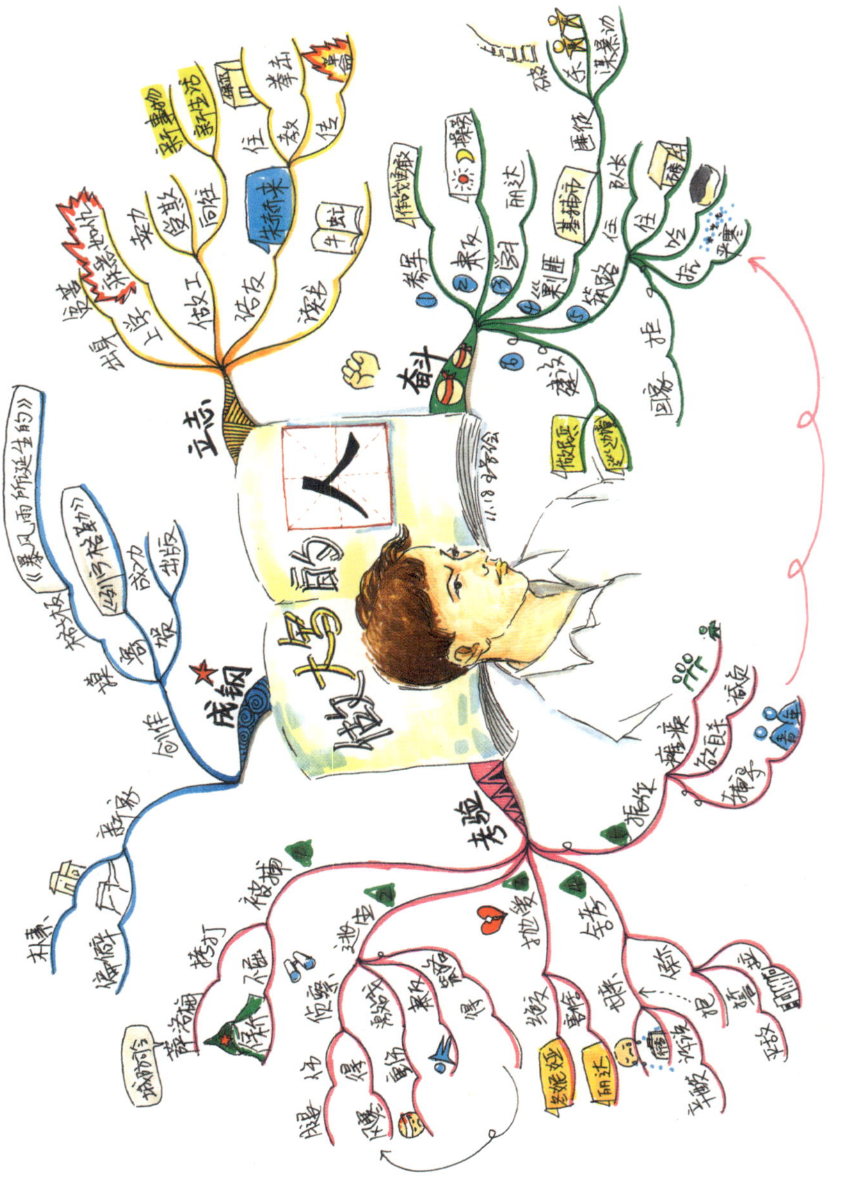


图2-51 做大写的人

# 《艾青诗选》

## 我爱这土地

### 内容介绍

《我爱这土地》是现代诗人艾青于1938年写的一首现代诗。1938年10月，武汉失守，日本侵略者的铁蹄猖狂地践踏中国大地。作者满怀对祖国的挚爱和对侵略者的仇恨写下了这首诗。这首诗以“假如”领起，用“嘶哑”形容鸟儿的歌喉，接着续写出歌唱的内容，并由生前的歌唱，转写鸟儿死后魂归大地，最后转由鸟的形象代之以诗人的自身形象，直抒胸臆，托出了诗人那颗真挚、炽热的爱国之心。

### 导图解析

《我爱这土地》是艾青的一首著名的诗。中心图是一颗红心，表达了爱的主题。

这幅思维导图从三个方面绘制。

第一部分：诗意。这首诗从歌唱、献身和倾诉三个方面表达了诗人对土地的热爱。第一层，诗的前六行。歌唱，音乐符号和话筒的图像表示。喉咙、鸟、土地、暴风雨、河流、汹涌、风、激怒和林间，依次添加了图像，帮助记忆，激发联想。第二层，诗的七、八行。献身，图像表示。羽毛、土地，图像替代。第三层，诗的九、十行，倾诉。泪水、爱和土地，图像替代。

第二部分：主题。这首诗表达了诗人在国家遭难、人民向往光明的时候，那种眷恋土地、献身祖国的赤子之心。祖国，国旗替代。光明、土地，

## 思维导图

图2-52 我爱这土地

图像表示。

第三部分：手法。这首诗运用了象征的艺术手法。鸟，象征诗人。土地，象征祖国。河流和风，象征人民的抗争。黎明，象征光明。鸟、土地、祖国、河流、风和光明，添加了图像表示。

# 黎明的通知

## 内容介绍

诗人以“黎明的口吻”热切地呼唤着所有的事物，共同迎接美丽新世界的来临，饱含了对新社会中崭新生命的坚定信念和乐观向上的精神面貌。对新解放区人民朝气蓬勃的美好生活都予以歌颂，但同时饱含着对祖国人民的无限挚爱之情和对未来生活的美好憧憬。

## 导图解析

艾青的诗歌《黎明的通知》多次入选中小学语文教材。中心图描绘了太阳刚冲出黑暗、送来光明的景象。

思维导图依据诗歌的内容分为六部分。

第一部分：告诉。这是总起，以黎明为主人公，对诗人进行第一次嘱托，然后由诗人转告人们，交代了黎明的任务：带光明给世界，带温暖给人类。这部分预示了黑暗的大地将迎来人们盼望已久的曙光。露水、星光、东方、海上、光明和温暖，添加了插图表示。

第二部分：欢迎。这部分叙写黎明对诗人的第二次嘱托，让人们以实际行动来迎接黎明。第一层，盼。开门窗，鸣汽笛，吹号角，迎接光明的到来。第二层，出。让人们走出家门，打扫大街，搬运垃圾，上街迈开步伐，以实际行动迎接光明的到来。第三层，让人们醒来后，打开篱笆和鸡埘，牵出耕牛，再次强调用实际行动迎接光明的到来。窗户、门、汽笛、号角、扫帚、垃圾、劳动者、车流、篱笆和耕牛，多用图像表示，辅助理解和记忆。

第三部分：通知。这部分紧扣主题，从来自哪里、让人们打扫晒场和

## 思维导图

图2-53 黎明的通知

天井、打开门窗三个方面描写黎明的呼唤。山、森林、打扫、花纸、春联和门，添加了图像替代或者表示。

第四部分：叫醒。这是黎明对诗人的第三次嘱托，写了叫醒的对象：女人、男子、情人、少女、母亲、婴孩、产妇、负伤者和难民，也就是一切不幸者，一切热爱生活的人们，请他们欢迎黎明的到来。睡眠的女人、男子、情人、少女、母亲、婴孩，图像替代。不幸者病人、产妇、衰老的、卧床的和负伤的，图像替代。爱生活者，爱心符号表示，突出了爱的主题。

第五部分：恳请。这是黎明对诗人的第四次、第五次嘱托。时间紧迫，刻不容缓，通知赶快传布出去，让所有的人都来迎接。雄鸡、鸣叫和眼睛，把文字转换成图像，增强了画面感。

第六部分：感悟。这部分是阅读这首诗的感悟。诗歌运用象征、拟人和排比的手法，表达了诗人热爱光明、向往未来的主题。爱心图，表示热爱。人跑步的图像，表示向往、追求。

# 太阳的话

## 内容介绍

作家以“拟人”的手法把“太阳”赋予了语言与感情，表现了太阳渴望走进小屋，打开人们封闭的内心，让人们享受亮光、温度、花束、芳香与露水，召唤人们打开心扉面对未来，唤起人们树立起积极乐观的信心。

## 导图解析

这是艾青诗歌《太阳的话》的思维导图，中心图是闪闪发光的太阳，突出了主题。

思维导图按照诗的内容分为四部分。

第一部分：呼唤。作者用富有激情的呼唤，表达出太阳渴望走进小屋的急切心情。窗子、板门和小屋，添加了图像表示。

第二部分：给予。作者运用四个句式相同的排比句，写出太阳所给予人们的美好事物。花束、金黄，香气、林间，亮光、温暖，露水、满身，依次添加了插图，赋予文字以生动的画面，可视可感。

第三部分：盼望。运用祈使句，表达了太阳盼望人们醒来，看到光明，看到美好事物的急切心情。头、枕头，睫毛、眼，看、太阳，多用图像替代。

第四部分：打开。太阳不仅要唤醒人们沉睡的双眼，还要打开人们紧闭的心灵，召唤人们敞开心扉迎接光明的到来。心窗，心的符号和窗户组合图表示。花束、香气、亮光、温暖和露水，图像替代。

在这首诗中，艾青用太阳象征光明和希望，用紧闭着门户的木板房比喻当时人们生活的闭塞、陈旧、落后的环境，以第一人称代表太阳呼唤人们改变现状，迎接光明的到来。《太阳的话》，表达了诗人对和平、光明的追求和向往。

## 思维导图

图2-54 太阳的话

# 礁石

## 内容介绍

艾青通过《礁石》这首诗，诚挚地歌颂了人类坚韧顽强的生命与存在精神，同时深深地鼓舞了正处于各种困惑与挤压下的祖国人民。

## 导图解析

这是艾青诗歌《礁石》的思维导图，中心图绘制了屹立在海洋里不怕风吹浪打的礁石。

思维导图按照诗的内容分为三部分。

第一部分：扑。这部分描写了海浪，一个浪头一个浪头不停地扑来的情景。浪，添加了图像，形象地表现了浪的猛烈。

第二部分：打。浪头打在礁石的脚下，撞在礁石上，变成碎末散开，而礁石岿然不动。脚下，图像替代，顾名思义法。碎末、散开，图像表示。

第三部分：站。这部分运用肖像和神态描写，突出了浪头扑打过来，礁石的顽强、坚毅、乐观。刀的图像，表示刀砍。脸、身，图像替代。微笑、看、海洋，图像表示。

诗人运用象征、拟人的手法，把礁石勇敢的形象刻画得淋漓尽致。《礁石》表达了作者对坚韧与顽强精神的赞美，对正处在艰难困忧中的中华民族给予深切的鼓舞。

## 思维导图

图2-55 礁石

# 鱼化石

## 内容介绍

诗人艾青于1957年被错划为右派，先后被流放到黑龙江及新疆等边陲，蒙难达20余年之久，直到1978年才被平反。一番坎坷，半生蹉跎，诗人对此感慨颇多，于是他写了《鱼化石》这首诗。这首诗采用了“托物言志”的手法，表面上写的是“鱼化石”，实际上写的是被窒息了生命活力、徒具一个躯壳的人。写得悲切沉痛，可以看作诗人艾青自嘲的写照，是一种“艾青式的对人生哲理的奇特冥想”。

## 导图解析

这是艾青诗歌《鱼化石》的思维导图，中心图是一块鱼化石，里面的鱼形体完整，栩栩如生，却不能动弹。

思维导图按照诗歌的内容分为四部分。

第一部分：游动。主干添加了鱼的图像，表示鱼在游动，对关键词进行了补充。这部分描写了鱼的旺盛生命力。小狗的图像，运用谐音法表示旺盛。浪花、跳跃、大海、浮沉，添加了图像替代。

第二部分：化石。这部分写鱼生命毁灭的悲剧。一场突如其来的大灾难——火山爆发或者地震，把它埋进灰尘，变成了生物化石。火山爆发、地震、自由和灰尘，添加了图像表示。

第三部分：发现。这部分写鱼化石的形态。多少年以后，它重见天日。此时，尽管它的形体是完整的，“栩栩如生”“鳞和鳍都完整”“却不能动弹”，连一声叹息也没有，有的只是沉默，它的生命已宣告终结。时间，钟表表示。地质勘查队员，运用谐音法，添加了纸张的图像表示。岩层、

## 思维导图

图2-56 鱼化石

栩栩如生、沉默、鳞、鳍、天、水、听见和浪花，多用图像替代，或者运用谐音和顾名思义法表示。

第四部分：教训。这部分写诗人从鱼化石获得了领悟，揭示了人生的哲理。运动、生命，添加了图像表示。斗争，握着的拳头表示。物体的发光，表示能量。

诗人告诉我们，生命来自运动，斗争显示生存，这是亘古不变的真理。

# 煤的对话

## 内容介绍

煤炭在几百万年以前是一棵树，因此它比山的年龄还大，比石头的年龄还大。自从恐龙主宰了整个森林之后，随着地壳的第一次震动，树木纷纷倒塌，最后被掩埋在地下。这首诗一是表现了中华民族自强不息、不甘屈辱的内在品格；二是表现出作者对故土深厚而炽热的爱，对中华民族奋起的强烈希望。

## 导图解析

这是艾青《煤的对话》的思维导图，中心图绘制了乌黑的煤块，旺盛的火苗，醒目的中心主题，刺激眼球，灼人心灵。

思维导图根据诗的内容分为四部分。

第一部分：住处。问：你住在哪里？答：万年的深山，万年的岩石。深山、岩石，图像表示。

第二部分：年纪。问：你的年纪？答：比山的更大，比岩石的更大。山、岩石，图像替代。

第三部分：现状。问：你从什么时候沉默的？答：恐龙统治森林，地壳第一次震动。恐龙、森林、地壳，图像表示。

第四部分：生命。问：你已死在过深的怨愤里了么？答：我还活着，请给我以火，请给我以火！死，人的骷髅表示。怨愤，发怒的表情表示。

## 思维导图

图2-57 煤的对话

# 《水浒传》

## 《水浒传》全书

### 内容介绍

《水浒传》是一本以农民起义为主题的长篇小说。全书描述北宋年间以基层官吏宋江为主的一百零八位好汉（后来封为一百零八将）被逼到梁山起义。作品成功地塑造了宋江、林冲、李逵、鲁智深、武松等人的形象，展示了农民起义从产生、演变直到失败的整个过程，向读者全面介绍了中国宋代的政治制度和经济社会状况，并具体阐述了起义失败的内在历史因素，深刻揭示了武装起义的社会发展根源，作者充满激情地讴歌了起义志士们的反抗斗争精神和他们的社会理想。

### 导图解析

这是《水浒传》全书思维导图，中心图绘制了书里的主要英雄人物和他们所使用的兵器。

思维导图依据全书思想内容分为五部分。

第一部分：乱。《水浒传》展示了北宋末年奸臣当道、政治腐败、民不聊生的社会现实。这部分选了高俅、徽宗和一个知县的事例表现社会的乱。高俅仅仅是因为球踢得好，被徽宗看中，提拔为太尉。上任第一天就报复王进。后来因为高俅的干儿子想谋占林冲的妻子，高俅几次陷害林冲。华阴知县诬陷史进私通草寇，火烧史家庄，逼得史进只得离开华阴县。竖起的大拇指，突出了高俅踢球的技术。诬陷，添加了辅助图像。

第二部分：反。这部分选择了五位英雄的事迹，表现了乱自上作、官

## 思维导图

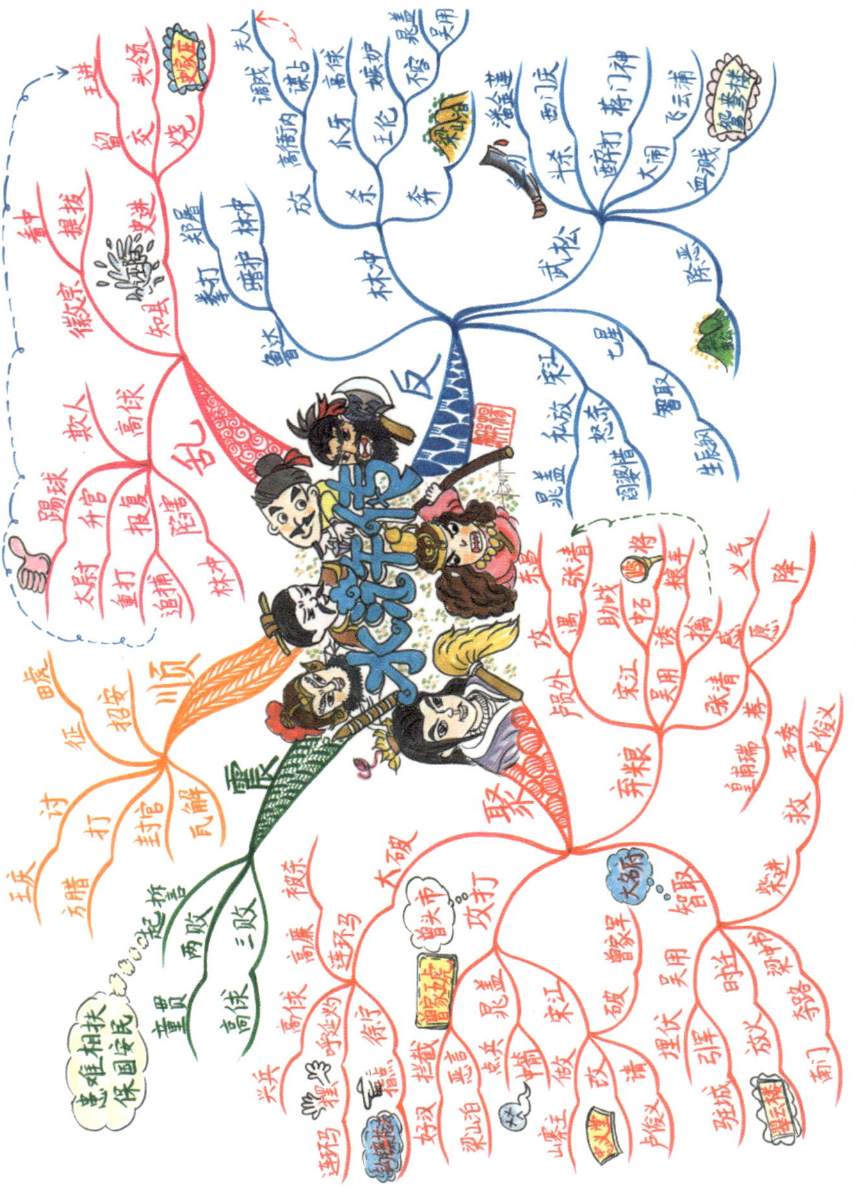


图2-58《水浒传》全书

逼民反的封建社会现实。高俅派人买通公人，要他们在野猪林杀死林冲。幸有鲁智深暗中保护，林冲才得以幸免。高俅又派爪牙火烧草料场，谋害林冲。忍无可忍的林冲，杀死了爪牙，当夜投奔梁山。王伦嫉妒林冲，又不容晁盖和吴用，被林冲杀死。武松、吴用和宋江，都是反抗官吏恶霸横暴的典型。梁山泊、血刃和蜈蚣山，添加了辅助图像，立体感强，刺激眼球。

第三部分：聚。各路英雄齐聚梁山泊，高举“替天行道，保境安民”的旗帜，反抗黑暗的封建统治，对抗腐败的官府，劫富济贫，除暴安良。这部分精选大破连环马、攻打曾头市、智取大名府和弃粮诱张清几个典型事例，表现了英雄好汉梁山聚义、反抗压迫的精神。摆、指点，添加了辅助图像。钩镰枪法、曾家五虎、忠义堂和翠云楼这些专用名词，多用图文框，着重圈出。

第四部分：震。梁山泊英雄两败童贯、三胜高俅的壮举，震动了封建朝廷。

第五部分：顺。梁山英雄，最终因为被招安走向瓦解而落得失败的悲惨结局。

这幅思维导图连接线跨分支的运用，要注意观察和学习。

# 鲁提辖拳打镇关西

## 内容介绍

鲁提辖拳打镇关西的故事出自《水浒传》原著第3回，当时史进、李忠和鲁达在酒楼吃饭、喝酒，当鲁达听诉了金翠莲父女的凄惨经历后，便想替他们讨公道。于是先保护金家父女逃出虎口，然后在状元桥的郑屠肉案中，有意对郑屠加以刁难，激怒郑屠，挑起了打斗，最后鲁达三拳打死郑屠，为民除害。

## 导图解析

中心图以鲁提辖举起拳头打郑屠为主要内容，题目中“鲁提辖”在主人公旁边标记，“拳”字则恰好在举起的拳头处，因为鲁提辖把郑屠打倒在地而将“镇关西”三字巧妙设计在稍下方的位置。整体表现出鲁高郑低的画面感。

思维导图以故事发生的地点为线索分为四部分。

第一部分：酒楼。这部分概括了事件的背景发生在酒楼。两个二级分支，分别以鲁达、金氏父女为关键词。鲁达在酒楼因听到啼哭声而生气地丢碟儿、盏儿，于是问原委。这一分支连接金氏父女的哭诉：金翠莲被镇关西强占后赶出，并被追要三千典身钱，这里用金币代表典身钱，以示重要性。而鲁达清楚原委后欲去打镇关西为二人讨公道，同时问清二人住处，并赠予盘缠。

第二部分：客店。这部分以人物金氏父女、店小二、鲁达为关键词。金氏父女回到客店后寻觅车儿，收拾行李，还房客钱和柴米钱，在店内等鲁达以便出门去。店小二因答应镇关西看管金氏二人而拦着他们，不让其

## 思维导图

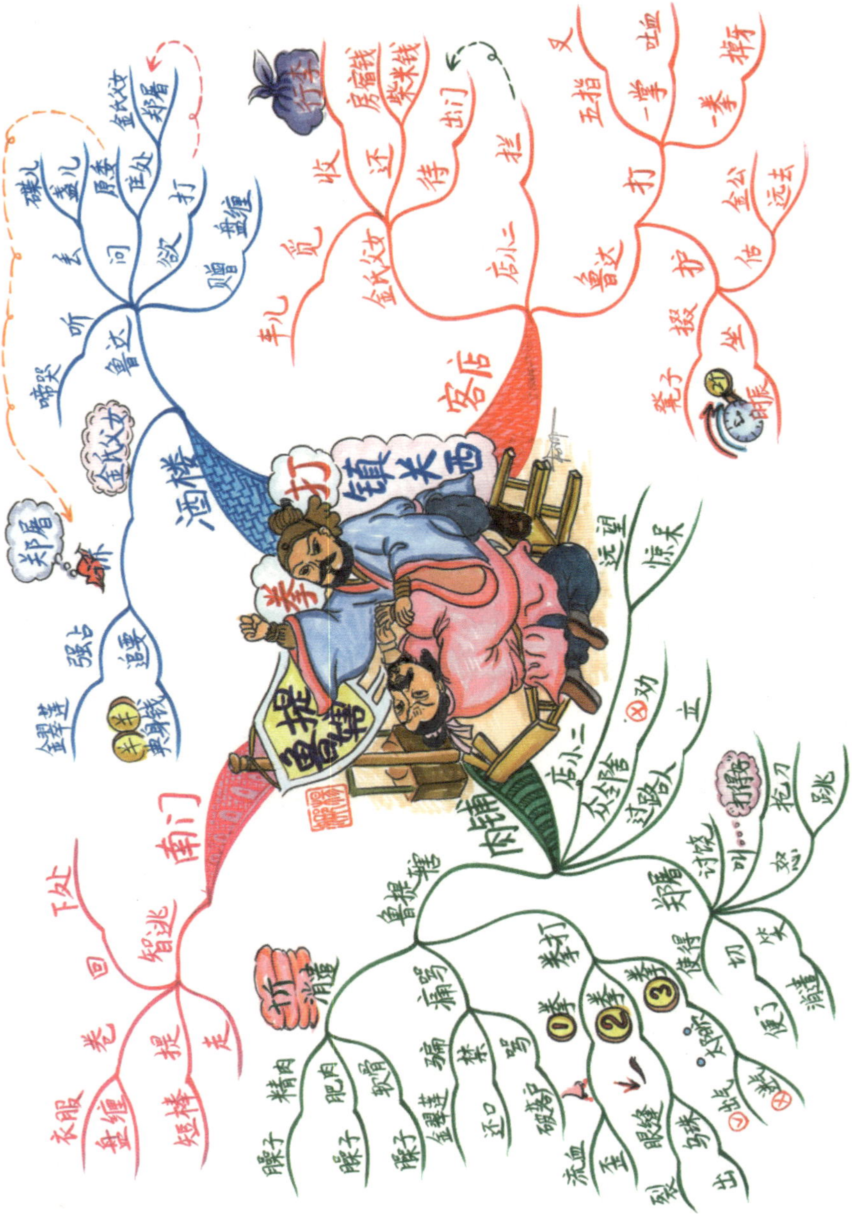


图2-59 鲁提辖拳打镇关西

出门。鲁达来到店内叉开五指，一掌打得店小二吐血，再一掌打落两颗门牙。鲁达又恐怕店小二再去拦截金氏父女，于是掇条凳子坐在店内约两个时辰，估计二人远去才离开。图中以钟表代表时辰，以两个旋转箭头以示两个时辰，表达了鲁达等待时间之长，护金氏父女想得周全。

第三部分：肉铺。这一部分人物较多，以鲁提辖、郑屠、店小二、众邻舍、过路人为关键词。鲁提辖以十斤精肉臊子、十斤肥肉臊子、十斤软骨臊子消遣郑屠以使其激怒，进而挑起争斗。鲁达痛骂其骗金翠莲，看他还敢应口，继续骂其破落户。鲁达一拳打到郑屠的鼻子，鲜血直流；二拳打到眼缝，眼棱缝裂，乌珠迸出；三拳打到太阳穴，只有出气，没了入气。插图以鼻子、眼睛一侧、两侧太阳穴标记以示三拳之精准，气息则以对勾表示有，“×”表示无。郑屠看到鲁达来买肉，赔笑答应“使得”，便应鲁达的要求开始切肉，发现不对劲后便笑问是否消遣他，得到鲁达的回应后，怒火中烧，抢了刀就跳将下来。被打第一拳时还在还口，第二拳则求饶。店小二本是来给郑屠报信，看到鲁达在，选择远远观望，见鲁达二人要打起来惊得呆了。众邻居没有一个敢劝，这里用“×”表示否定。过路人也都立住了脚。

第四部分：南门。这部分解释鲁达在打死镇关西后，回到下处，卷了衣服和盘缠，提了短棒，奔出南门，逃了。这个细节表现了鲁达粗中有细的性格特点。

这幅思维导图通感方法运用恰当，立体感强，阅之入心入肺。

# 智取生辰纲

## 内容介绍

“智取生辰纲”，叙写了杨志奉命押运生辰纲途经黄泥冈，被吴用、晁盖等人用计劫走的故事。

## 导图解析

中心图分为相对立的两组，一组为吴用等人，一组为杨志。而杨志谨小慎微，只有他放下戒心喝下放了蒙汗药的酒，吴用等人的计谋才算成功，故中心图中的杨志以喝酒的姿态呈现最为切中主题。

思维导图按照故事情节的发展分为六部分。

第一部分：定时。六月初四正是炎热的夏日，是故事发生的必备环境。日历和流汗的太阳在强调时间的同时，也增强了读者的记忆。

第二部分：选址。选择黄泥冈，不仅仅因为黄泥冈道路崎岖、人烟稀少，更因为杨志等人走到此地，已有十四五日，手下的老都管、虞侯、军健等人对他的怨恨已达到极点，这些人在多日炎热的赶路后见到黄泥冈的松阴，定然是走不动的。黄泥冈，添加了图文框。松树林，辅助图像表示。

第三部分：设计。这部分叙写了吴用谋划计策的整个过程。假说晁盖梦到北斗七星坠到屋脊，给众人劫取生辰纲以合理、合法的理由：七人聚义行事，正是应天垂象，加之公孙胜早已得知杨志等人的来路，那么这些财物也是上天所赐，唾手可得的。梦北斗，添加了云彩和北斗星的图像，加深记忆。七个人聚在一起的头像，表示聚。流口水的嘴，表示唾。闪光的爱心图，突出了“知”，表现了公孙胜的智慧。

第四部分：施计。这部分分为两个二级分支。第一个分支解释杨志等

## 思维导图

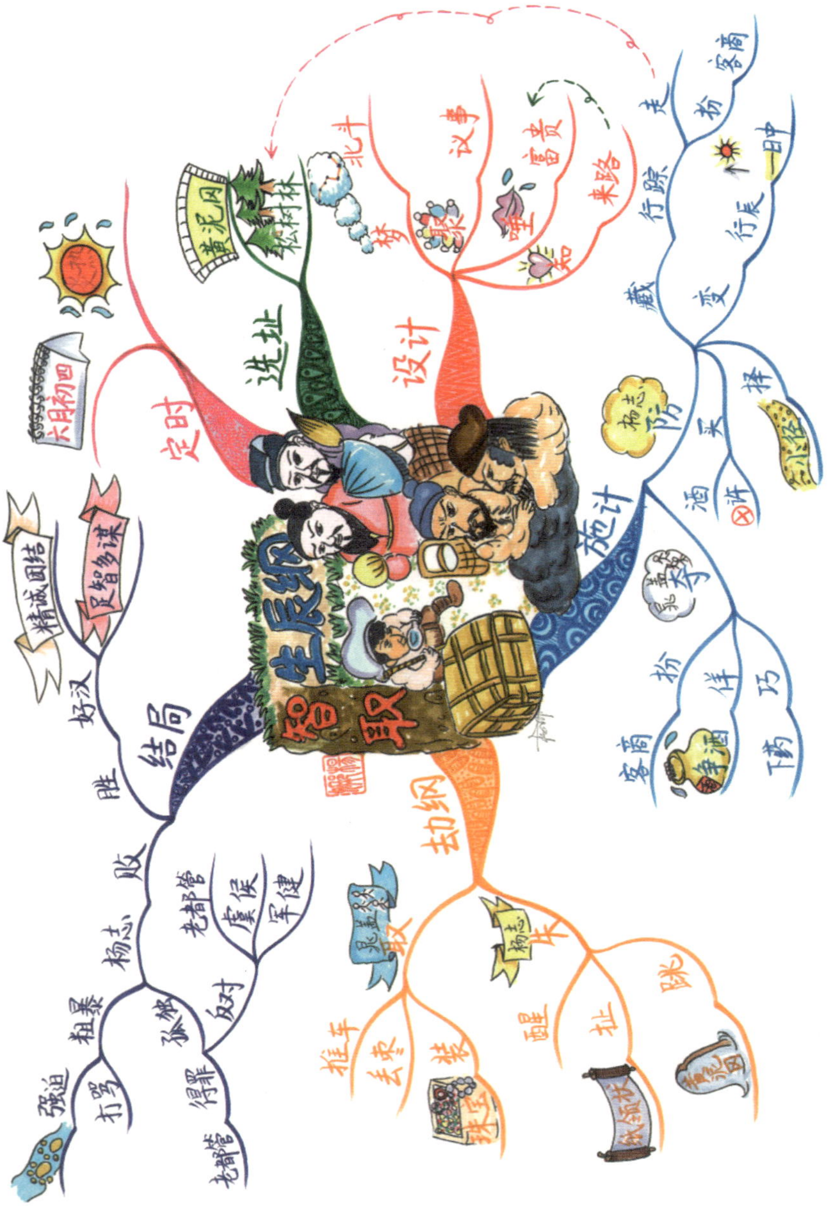


图2-60 智取生辰纲

人为防止生辰纲被劫所采取的措施：一、扮作客商以隐藏行踪；二、变换行走的时辰：辰时起身、申时便歇，图像表示；三、选择小径，添加了辅助图像；四、不许老都管等人买酒喝，以防酒中有蒙汗药。第二个分支解释晁盖等人施行计策的过程：一、七人扮作卖枣的客商歇息；二、白胜扮作卖酒的汉子与卖枣的客商佯装争酒，坛子的酒洒出来，表示争着买酒；三、吴用与白胜假装抢瓢巧妙下药。

第五部分：劫纲。杨志等人被药倒之后，七人将推车上的枣子丢掉，将十一担珠宝装上车，遮盖好，推下冈去。杨志因喝酒少，最早醒来，见丢了生辰纲，便扯破领状，欲跳黄泥冈寻死。珠宝箱的图像，表示珠宝。纸领状、黄泥冈，添加了图像，帮助理解。

第六部分：结局。这部分概括了杨志失败及晁盖等人取胜的原因。杨志之所以失了生辰纲是因为性格粗暴，强迫大家顶着炎日赶路，在大家怨声载道之时，不是安慰鼓励而是打骂众人，因此而得罪了老都管等人，众人以老都管为首共同反对杨志的“暴行”，使得杨志变成“孤家寡人”，一人之力怎能对抗晁盖七人呢？晁盖等人能取胜则是因为七人精诚团结，加之吴用的足智多谋，七人之合力成就好汉形象。精诚团结、足智多谋，运用图文框表示，突出主题。

这幅思维导图“杨志”“防”、“晁盖”“夺”、“晁盖”“取”、“杨志”“失”，各有两个关键词巧妙地设计到一个分支上，请同学们注意学习和借鉴。

# 景阳冈

## 内容介绍

武松打虎是课文《景阳冈》最重要也是最精彩的一部分，武松与老虎共打了三个回合。第三回合武松按住老虎举起拳头打是精彩中的精彩。

## 导图解析

这幅导图以武松举起拳头打虎的形象为中心图，抓住重点，突出主题。

思维导图按照故事情节的发展分为四部分：喝酒、上冈、打虎、下冈。

第一部分：喝酒。主干插图两只酒杯，凸显主题。这部分划分为三层：见店、进店和离店。

见店，以正午 12 点的钟表图像交代时间。水滴滴在纸上，谐音表示地址。眼睛的图像，表示看到；旗子上写着“三碗不过冈”，以插图表示。

进店，写武松喝酒，故这一分支辅以酒杯图像以示重点。喝酒共分为四个阶段，第一阶段喝了三碗，武松把哨棒倚了，叫店家拿酒，并夸赞酒有气力。第二阶段，因店家不再筛酒，武松敲桌子叫添酒，店家解释不再添酒的原因，武松全然不动，店家无奈又筛了三碗，这里添加了倒酒的图像。第三阶段，武松叫店家不要胡说，店家只得继续筛酒三碗。第四阶段，武松取银子问店家是否够，在得到店家的肯定之后，又要求筛酒。店家又筛了六碗。

离店，武松提了哨棒要走，却被店家拦住。店家追出来劝武松，而武松则认为，店家留他在店里歇半夜欲以谋财害命，这里用匕首插胸图像表示害命，用金币图像表示谋财。这里叙写了武松的心理活动。

第二部分：上冈。山的图像，表示景阳冈；哨棒的图像，是指武松提

## 思维导图

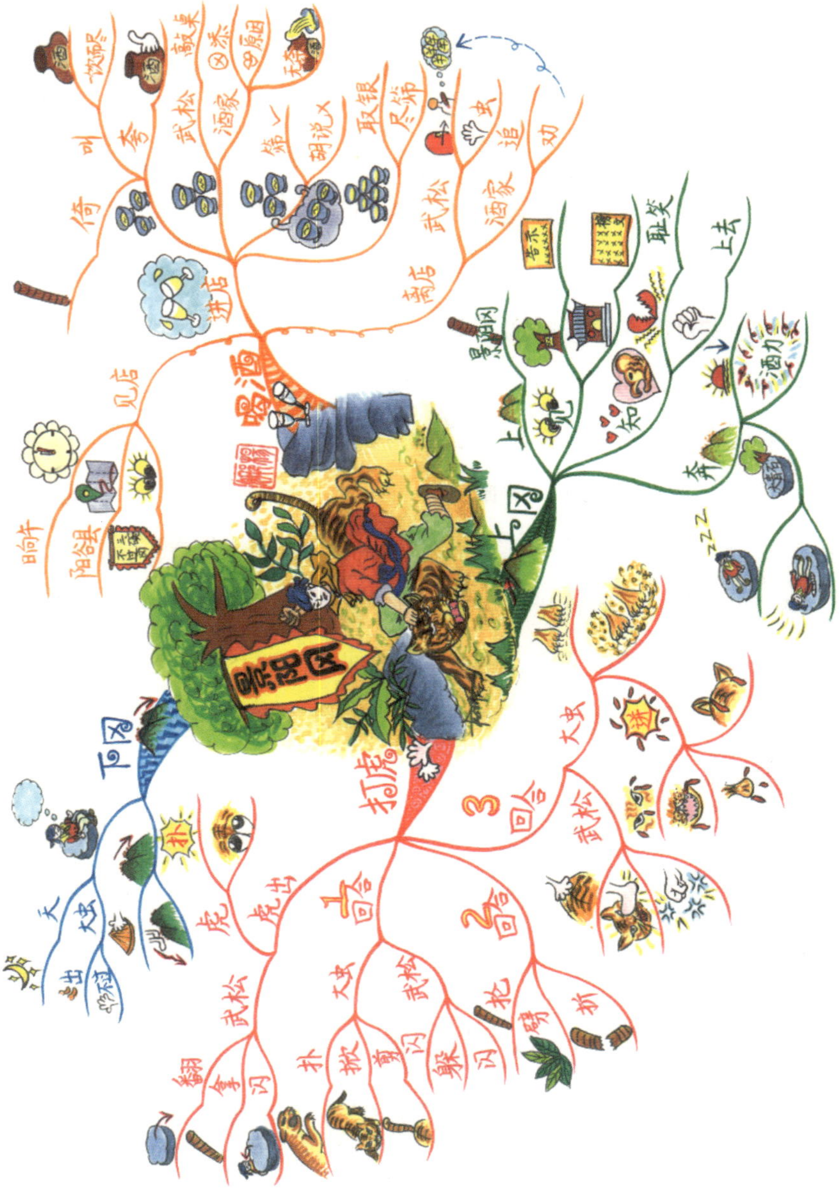


图2-61 景阳冈

着哨棒。大树和告示的图像，表示大树上写有景阳冈有大虫的告示。神庙和官府榜文的图像、图文框，表示在神庙有官府榜文。爱心和老虎的图像，表示武松知道了景阳冈真的有老虎。裂开心的图像，表示武松寻思回去，怕被店家耻笑，伤自尊。拳头的图像，代表武松下定决心，上冈。太阳旁的向下箭头代表时间很晚了，酒力开始发作，添加了图像。树和大青石的图像，表示武松此时的地点。身体躺石头、睡觉的插图，表示武松正要睡觉。身体躺在石头上、头顶刮来风声的图像，形象地描绘了老虎的威力，从侧面突出了武松打虎的威武勇猛。

第三部分：打虎。扑，添加了警醒符号，意思是老虎（插图：瞪着凶狠的眼睛）正扑向武松。大青石上箭头向下，代表武松从大青石上翻身下来。武松躲闪在石头后面，图像表示。

第一回合，大虫的一扑、一掀、一剪，都用图像替代，形象生动。

第二回合，写了武松抡哨棒劈下来。树枝代表哨棒打在了枯树上。折成两半的哨棒图像，表现武松气力之大。

第三回合，大虫咆哮起来，翻身一扑，两只前爪搭在武松面前，这里只画老虎的前爪以示特写细节。老虎爪子扒黄泥，图像替代。武松两手揪住大虫的顶花皮按下来，用脚朝其面门、眼睛里乱踢，这里用老虎的面部和一只脚的图像表示。武松空出右手，提起拳头，只顾打，这里用拳头与符号表示其力气之大。插图特写老虎的眼睛、嘴巴、鼻子、耳朵，表示老虎眼里、口里、鼻子里、耳朵里都迸出鲜血来。

第四部分：下冈。武松坐在石头上休息（图像表示）和心想（图像表示）天色已晚，若再有一只大虫出现，怎么斗得过呢？这里用月亮、星星代表晚上，虎爪代表老虎出现，手的图像表示打，意思是打不过老虎。山冈向下的箭头，代表武松下冈；手和毡笠的图像，表示武松寻了毡笠儿；脚从山冈向下的箭头，代表武松一步步捱下冈来，可见武松此时已筋疲力尽。

# 三打祝家庄

## 内容介绍

《水浒传》中宋江三打祝家庄，两次都因情况不明，方法不对，打了败仗。后来改变方法，从调查情形入手，于是熟悉了盘陀路，拆散了李家庄、扈家庄和祝家庄的联盟，并且布置了藏在敌营里的伏兵，用了和外国故事中所说木马计相像的方法，第三次就打了胜仗。《水浒传》上有很多唯物辩证法的事例，三打祝家庄，算是最好的一个。（毛泽东《矛盾论》）

## 导图解析

这幅思维导图绘制的是宋江三次攻打祝家庄的故事，中心图绘制了梁山一个主内、一个主外的两大权力人物晁盖和宋江，他们是三打祝家庄胜利后的两面旗帜。

思维导图按照故事情节的发展分为五部分。

第一部分：背景。杨雄、石秀杀了潘巧云后，带时迁投奔水泊梁山，途经祝家庄。时迁偷了祝家庄的报晓鸡，被祝家庄活捉了去。杨雄、石秀逃跑，来到一个村落酒店，遇到了杜兴。杨雄曾经救过杜兴，李家庄的主人是杜兴家中主人。于是，杜兴引见李老大，请求化解杨雄、石秀和祝家庄的矛盾，救出时迁。李老大不但没有救出时迁，还在冲突中中箭受伤。吃鸡、动手中箭，添加了辅助图像。

第二部分：出兵。这部分叙写杨雄、石秀逃到梁山哭诉，晁盖想要杀掉这两个人，被宋江阻拦下来。宋江想借此机会，树立自己的威望，于是攻打祝家庄。石秀、杨雄，绘制了两面旗，富有特色。

第三部分：失利。宋江一打二打祝家庄，都失利了。射，图像表示。

## 思维导图

图2-62 三打祝家庄

二打祝家庄，伸出的双手，分别表示栾廷玉抓住秦明和邓飞，扈三娘抓住王英。林冲又擒住扈三娘，扈成求和。祝家庄、扈家庄、梁山和宋江的“进退两难”，添加了图文框，强调了关键词。

第四部分：攻克。这部分叙写宋江改变战术，第三次攻打祝家庄，取得胜利。宋江利用刚加入梁山的孙立和祝家庄教师栾廷玉的师兄弟关系，骗得祝家庄的信任，里应外合大破祝家庄。

第五部分：结局。三打祝家庄具有重要的意义：一是巩固了宋江在梁山的地位；二是形成了晁盖守家、宋江出外的模式；三是扩大了组织和地盘，打开了主动猎物的局面。三打祝家庄的胜利，使得梁山变为宋江时代。晁盖时代、宋江时代，图文框表示。

# 大破连环马

## 内容介绍

双鞭呼延灼是名将之后，朝廷派遣其进攻梁山。呼延灼又出奇兵连环马将宋江击溃。金枪徐宁的钩镰枪能破连环马，宋江听说后，派时迁偷走了徐宁的雁翎金圈甲，把徐宁骗上了梁山。梁山好汉们在徐宁的训练下操练钩镰枪，大破连环马，呼延灼单骑逃跑。

## 导图解析

这幅思维导图绘制的是《水浒传》55、56、57 三回的内容，中心图绘制的是呼延灼使用连环马战术，却被徐宁的钩镰枪法破了，正在追杀呼延灼的情景。

思维导图依据故事情节的发展分为四部分。

第一部分：起因。因为宋江攻破高唐州，杀死高廉，高俅兴兵复仇。高唐州，添加了地址符号。

第二部分：初战。这部分叙写呼延灼等得圣旨，奉高太尉之命，大战梁山军。梁山、头领中箭、小喽啰中伤无数，添加了辅助图像，简洁形象。鸭嘴滩，图文框强调。

第三部分：决战。这部分叙写梁山军运用钩镰枪法，大破呼延灼的连环马。金钱豹子汤隆献钩镰枪法，可是他会打造，不会用。于是推荐了徐宁。时迁盗取了徐宁的雁翎金圈甲，戴宗把它拿上梁山，乐和用麻药麻翻徐宁，赚上梁山。徐宁指点钩镰枪法，最终大破连环马。这部分关键词，字数较多的，运用不同的图文框突出重点。

第四部分：复战。这部分叙写呼延灼败投青州，借兵两千，攻打桃花

## 思维导图

图2-63 大破连环马

山。李忠、周通求援，鲁达、武松前来支援，宋江出兵计擒呼延灼。桃花山，添加了山和花朵，画面感强烈，有助于记忆。两千兵和青州的连接线，表示关系。

这幅思维导图连接线的运用，要注意理解和学习借鉴。

# 读水浒知英雄

## 内容介绍

《水浒传》的英雄们性格各异，展示了各自不同的超凡本领和事迹，集中表现了他们所代表的广大受压迫者的反抗精神。

## 导图解析

这部分选择了《水浒传》八位英雄，运用思维导图进行概括梳理。中心图在主题“读水浒，知英雄”周围，绘制了水浒英雄擅长的兵器，各有特点，各具特色。

托塔天王，是晁盖的外号；及时雨，是宋江的外号。添加了心和想法的符号，突出了宋江始终想招安的思想。玉麒麟，卢俊义的绰号。No.2，表示卢俊义投奔梁山后，坐上了第二把交椅。智多星，是梁山军师吴用的绰号。豹子头，是林冲的绰号。火烧草料场，使他渐渐觉悟。竖起的大拇指，突出了林冲的有勇有谋。花和尚，鲁智深的绰号。倒拔垂杨柳，突出了他的力大无比。行者，乃武松也。武松是有仇必复，有恩必报。黑旋风，李逵的绰号。李逵，劫法场，扯诏书，疾恶如仇，粗暴好爽。

## 思维导图

图2-64 读水浒知英雄

# 《儒林外史》

## 《儒林外史》全书

### 内容介绍

《儒林外史》是我国清代一部著名的揭示科举制度真相和官场黑暗、社会炎凉的讽刺小说。作品主要刻画了人们的弄巧成拙、欺世盗名、自吹自擂、大言不惭、自作聪慧、自命清高、水火难容的生活百态，揭示了各种社会不平等、悖于人性、逆乎常理的荒诞事件，写出了封建社会后期（清朝康雍乾时期）知识分子及官绅的生活面貌，揭示了在这个时代中沉浮的读书人的诸多悲哀凄凉。作品以委婉嘲讽的手段，从揭示封建科举体制和这个体制奴役下士人丑陋的心灵状态开始，逐步描绘出了当时社会历史背景下更现实的人生历史，对封建官僚的昏聩无能、地主豪绅的贪吝刻薄、附庸风雅的名士的虚伪卑劣等加以嘲讽，无情地鞭笞着整个封建礼教体制的腐败和对民众心灵的扭曲，对于士林阶级进行了含泪的批判，是对大厦将倾的封建社会最有力的一击。

### 导图解析

这是《儒林外史》全书思维导图，中心图是一本打开的发黄的旧书。书中右边是书名，左边是故事中的风景小画，主题和画面相映成趣。

思维导图按照书中的人物类型分为七部分。

第一部分：隐士。这部分叙写了王冕的事迹。牛的图像，表示王冕是放牛娃。灯泡，表示想法、思考。梅花、荷花的图像，突出了王冕的特长。

第二部分：庸才。周进和范进到了老年才中举，可谓庸才也。他们中

## 思维导图

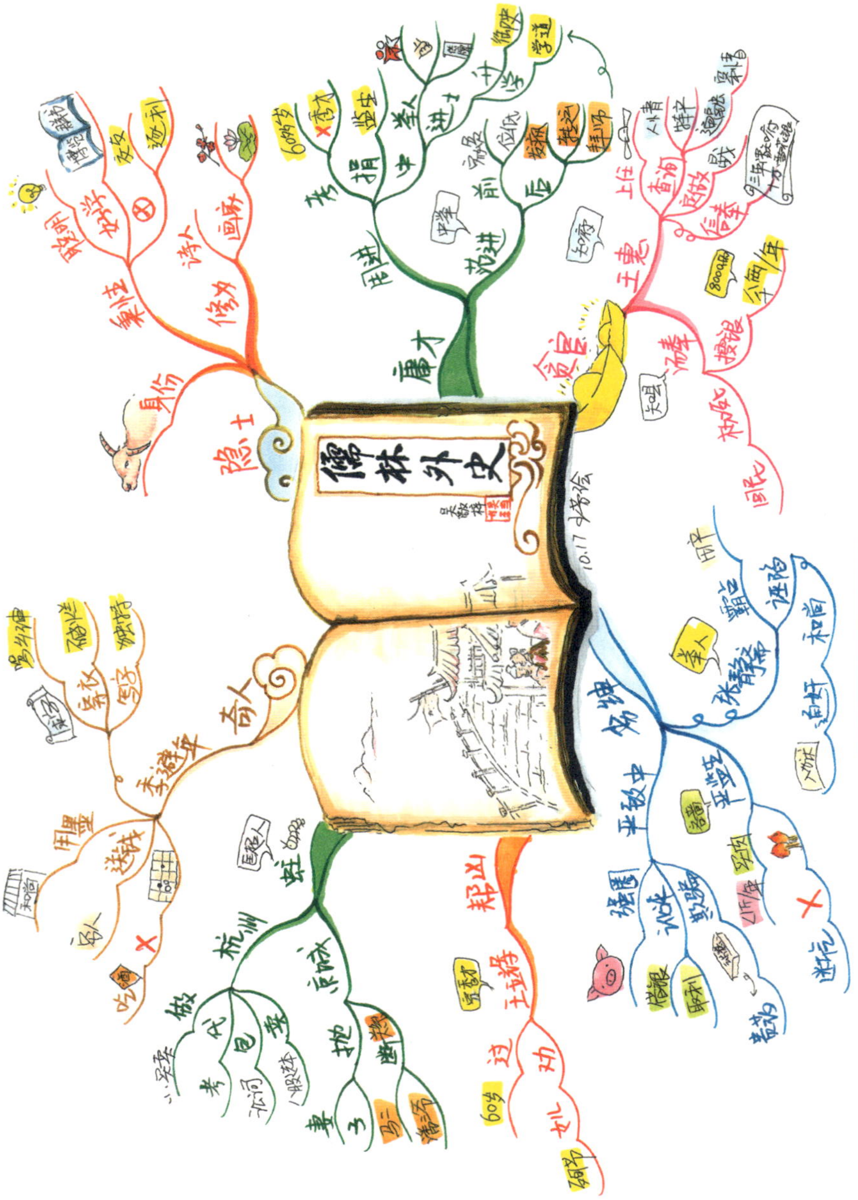


图2-65《儒林外史》全书

举以后，人们表现出一样的趋炎附势。周进中举后，人们主动来认亲，交朋友，供奉“长生禄位”，这些都添加了图像。范进中举后，喜极发疯，时来运转，巴结逢迎。

第三部分：贪官。用金元宝做主干，突出了贪官对金钱的贪婪。知府王惠、知县汤奉的所作所为，皆是一个贪字。一个信奉“三年清知府，十万雪花银”，一个是一年搜银八千两。

第四部分：劣绅。这部分列举了三个典型人物，选取了他们的典型事件，突出了他们的卑劣无耻。猪头的图像，这里是指邻居的猪。火苗的图像，表示两根燃着的灯草。

第五部分：帮凶。穷秀才王玉辉，劝女儿殉节，封建礼教的帮凶。

第六部分：蛀虫。主干图像虫子，形象地表达了蛀虫的意思。一个目不识丁的匡超人，从做小买卖发展到卖八股文，可笑至极。来到京城，巴结权贵，抛妻舍子，与帮助过他的人断绝关系，可恨至极。

第七部分：奇人，作者赞颂的人——季遐年。求字，卷轴表示。和尚在房屋里的图像，表示在和尚屋里。棋盘、“×”和吃酒连起来，表示季遐年下棋赢了不吃酒。分支“用墨”“和尚”是指季遐年在天界寺见到一匣子上好的香墨，这是施御史孙子送给和尚的，和尚不让用。季遐年来了兴致，偏要磨墨写字。有钱穿破衣，送钱给穷人，求字骂乡绅，真乃奇人也。

# 王冕

## 内容介绍

王冕的家世十分贫穷，7 岁丧父，10 岁辍学给人放牛。为人放牛的时候，他就把东家给的点心钱都攒了拿来买书看。在放牛的时候，靠自学画得一手好荷花。后来王冕就靠这挣钱来孝敬父母、贴补家用。王冕天生异禀，他上知天文、下知地理，而且还做到了学贯古今。王冕生性非常孤高，远离富贵功名而且轻视权贵。即使是县令前来邀请，王冕也不肯赴约；后来朝廷知道此人，欲征聘王冕为官，奈何他却连夜逃亡到了会稽山，最后归隐终老。王冕的孝顺和不与世俗同流合污的高洁精神让我们震撼。

## 导图解析

这幅思维导图绘制的是《儒林外史》第一回“说楔子敷陈大义，借名流隐括全文”，中心图描绘了王冕正在池塘边专注画荷花的情景，突出了主题。

思维导图依据故事情节的发展分为五部分。

第一部分：放牛。主干线条是牛的图像，紧扣主题，新颖巧妙。这部分叙写王冕童年的家境和王冕的品行、爱好。孝母部分的图像荷叶，指的是荷包；小鱼，指的是腌鱼；肉，指的是腊肉。树下一本书，表示王冕放牛的同时，在树下读书。

第二部分：画荷。主干是荷叶、荷花，增加了美感，富有创意。这部分叙写王冕赏景、学画、卖画。大雨、白云、日光、山、树、荷苞、荷叶、颜料和衣服，依次添加了图像表示，形象生动，有助于记忆和理解。3 月的日历，表示 3 个月。

## 思维导图

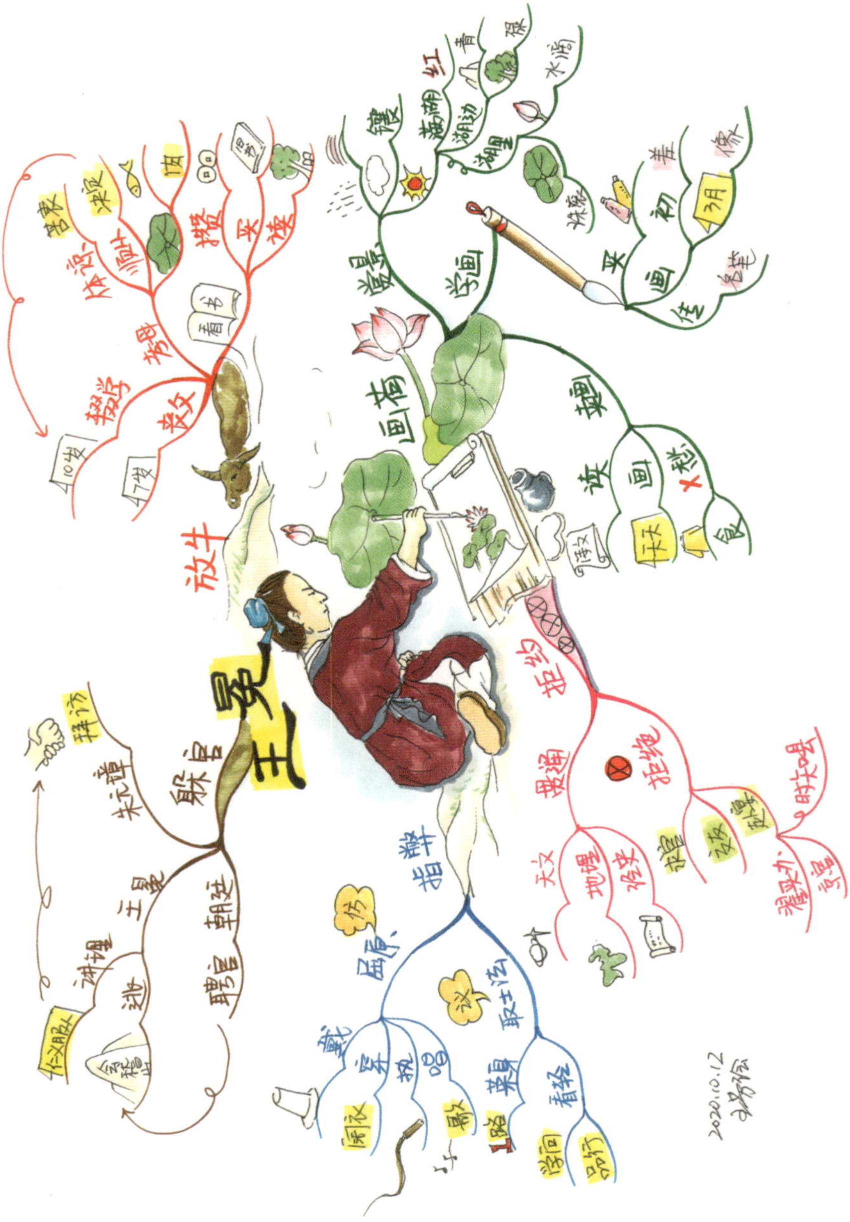


图2-66 王冕

第三部分：拒约。因为王冕画得好，又懂天文、地理和经史，名扬乡里，达官贵人纷纷邀请王冕赴宴。王冕一一拒绝。天文、地理和经史，添加了辅助图像，加深理解。

第四部分：指弊。这部分写王冕效仿屈原，议论朝廷取士法的弊端。高帽、鞭子，图像替代。唱歌、路，添加了辅助图像。仿屈原、议取士法，两个分支的关键词，巧妙地放在一个分支上。

第五部分：躲官。朱元璋拜访王冕，朝廷聘请王冕做官。王冕和朱元璋讲道理，拒绝做官，逃到会稽山。握手的图像，表示拜访。会稽山，添加了辅助图像，形象化。

这幅思维导图放牛、画荷的主干和学画的分支，构思巧妙，设计新颖，值得同学们学习和借鉴。

# 范进中举

## 内容介绍

范进是一个穷秀才，多年科举考试未中。他上有老下有小，年纪已然不小。又一次临近考试，范进再次应考，但由于没盘缠，去向丈人胡屠户借，结果被胡屠户骂得狗血喷头。考完后，范进回到乡里，突然得知自己中举的消息。此时的邻居、丈人等人，对范进的看法来了个 180 度大转弯，丈人甚至直夸范进为“文曲星下凡”，范进前面走，他还给范进拽平衣服，极尽讨好之能事。而范进则因为刺激太大而陷入疯癫。范进中举的故事，反映了当时科举制度的黑暗、趋炎附势的社会现状和旧知识分子受专制欺压下的扭曲命运。

## 导图解析

《儒林外史》里的《范进中举》是中学语文教材的保留篇目。中心图描绘了范进得知中举的消息，喜极而疯、跌入池塘的丑态，生动地突出了小说的主题。

思维导图依据故事情节的发展分为五部分。

第一部分：进学。运用柳枝做主干，增加了画面感。这部分叙写范进考上了秀才，岳父胡屠户对待他这个女婿的态度，与范进中举后的表现形成鲜明的对比。而范进这时候却是低三下四，唯唯诺诺。老娘、大肠、一瓶酒和草房，添加了图像表示。

第二部分：乡试。这部分写范进瞒着岳父，借钱赴试。胡屠户知道后，大骂范进是癞虾蟆，尖嘴猴腮。钱、虾蟆和尖嘴猴腮，添加了图像，增加了趣味性。

## 思维导图

图2-67 范进中举

第三部分：卖鸡。因为家中没有吃的，母亲饿得眼睛看不见了，范进把家里唯一的一只老母鸡拿到集上去卖。“草标”的图像，是卖东西的标志。范进的眼睛望东望西，寻找买主，图像表示。

第四部分：中举。这部分叙写范进中举后带来的巨大变化，分别从三个人物来反映：范进、胡屠户和众邻。

范进，见帖后，看、念、笑，图像替代。鞋掉的插图，富有动感，表现力强。这部分写了范进中举后喜极而疯的丑态。

胡屠户，范进中举后，胡屠户的称、赞、贺、扯和笑，表现了他前后判若两人、势利巴结的嘴脸。才学高，添加了山的图像，形象地表示了高。品貌好，添加了竖起的大拇指。贺喜的钱，是好几块金元宝，和第一次的贺喜形成鲜明的对比。

众邻，飞奔，送礼，坐满，表现出范进中举后，人们的嫌贫爱富、前倨后恭，足见封建社会的世态炎凉。

第五部分：拉拢。这部分写范进中举后，张乡绅主动来送礼、拉拢。

这幅思维导图，范进中举后，邻居“飞奔”“寻”“范进”时的“飞”字，运用了图像字，形象地表示了飞的状态，同学们要注意观察和学习。

# 周进

## 内容介绍

周进处于社会下层，地位卑下，事事看人脸色，这是他上半辈子人生的真实写照。但当他在暮年飞黄腾达时，却同情和提携出生中下层、屡试不第的范进，周进秉性忠厚、迂而不恶的性格特征又被表现得清晰可见。在这位醉心于科举，但心术并不是太坏的读书人面前，科举制度对士子心灵的腐蚀之深被表现得淋漓尽致。周进发迹之后，从前瞧不起他的人，心态也迅速反转：梅玖冒是他的学生；他在乡塾中所书写的春联，也都被恭恭敬敬地揭下裱好；辞退他的薛家集，则供养了他的“长生禄位”。人们态度的巨变，体现了科举制度对各阶层的影响之大，这恰恰就是形成污浊世风的缘由之一。作者极力刻画“周进”的形象，旨在揭露科举制度对文人的毒害之深。

## 导图解析

这幅思维导图绘制的是《儒林外史》周进这一人物形象，中心图描绘了一个封建社会老书生周进穷困潦倒的暮年状态。

思维导图按照故事情节的发展分为五部分。

第一部分：教。这部分叙写周进60多岁了，依然是个老童生。在汶上县做西席，学生顾小舍都进学成了秀才，他再无资格继续教下去，沦落到薛家集私塾做馆糊口，遭到秀才梅玖、举人王惠的嘲弄。私塾，添加了辅助图像，易于记忆和理解。

第二部分：记。周进因为别人说他捏造笑话，众人不喜欢，被辞了馆，再次丢了饭碗，只好替一伙商人当账房。饭碗、账房，添加了图像表示。

## 思维导图

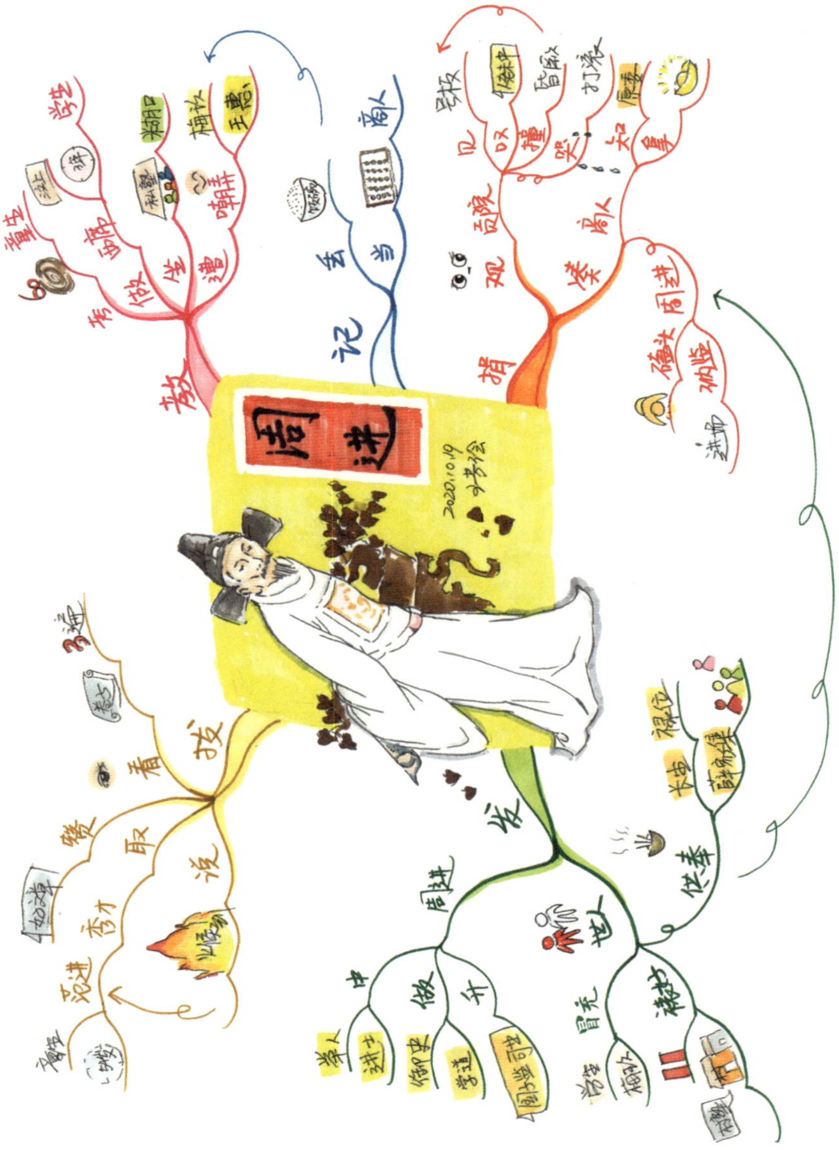

图2-68 周进

第三部分：捐。这部分叙写周进撞号板，商人拿钱给他捐监生，得以纳监进场。哭、磕头，添加了辅助图像，加深了印象。钱，金元宝的图像替代。

第四部分：发。周进一路高升，世人对他的态度也来了个 180 度的大转弯：冒充学生者，有之；把他过去的对联裱好，贴在村塾的有之；他教过的学堂也供奉起“周太姥爷”的长生禄位。对联、村塾、供奉和薛家集的人们，添加了图像，具体形象，刺激视觉。

第五部分：拔。这部分叙写周进做监考官的时候，提拔范进。火候，添加了火苗的图像，运用顾名思义法。

# 严监生

## 内容介绍

严监生是吴敬梓创作的长篇小说《儒林外史》中的人物，是广东高要县监生，原名严大育，字致和，出场于小说第五回、第六回 。严监生，是吝啬的、有人情味的、慷慨豪奢的！一斤猪肉都舍不得吃，却不惜把银子全部用在给别人喝酒上；自己有病时舍不得找医吃药，而妻子生病时却“每日四五个医生，用药都是人参、附子”；虽然肯为二位舅子花钱，却从不愿轻易为自己破费钱财。

## 导图解析

这是《儒林外史》典型的吝啬鬼——严监生，中心图描绘了他临死前，张着嘴说不出话来，伸着两个手指头，看着油灯里燃着的两根灯草，觉得浪费而不肯咽气的精彩瞬间，点题深刻。

思维导图根据人物的性格特点分为三部分。

第一部分：吝啬。以灯草冒出的烟为主干线条，富有创意。这部分从三个方面表现严监生的吝啬。猪肉舍不得买一斤，花四个小钱买点肉哄哄儿子。人参的图像，突出了严监生病重，也舍不得吃人参。一斤肉、四个钱、如柴和灯草，添加了图像表示。

第二部分：有情。严监生的有情，表现在对妻子上。主干插图爱心连接到妻子，有助于理解和记忆。死，用坟墓和墓碑表示，形象化。

第三部分：豪奢。这部分从了案、讨好、出丧和临终四个方面表现了严监生的豪奢。了案，严监生为了严贡生的官司，花两千钱请客，办案，花十几两银子，可见他的豪奢。讨好，妻子死后，严监生扶正赵氏，给了

## 思维导图

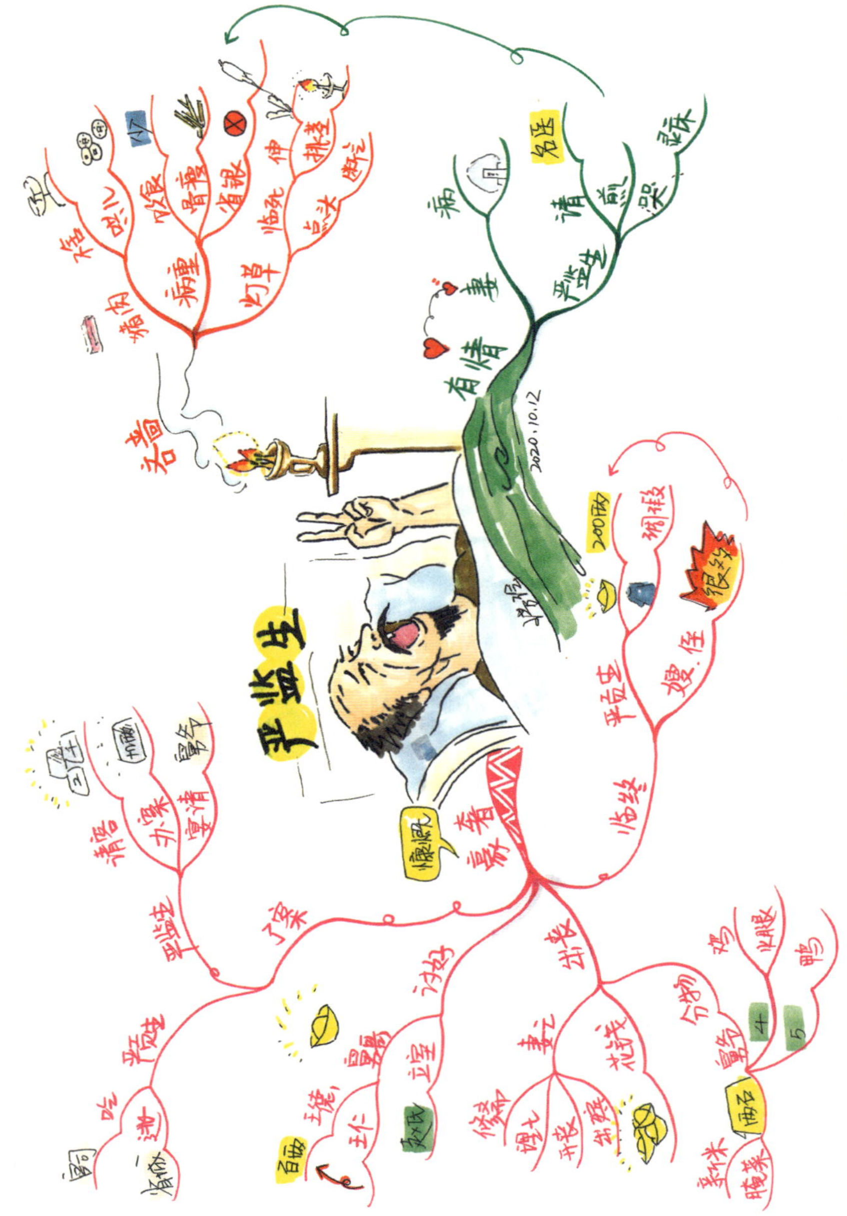


图2-69 严监生

赵氏的两个弟弟各 100 两银子。出丧，妻子死了，严监生花了四五千两银子，把东西分给舅爷。临终，把钱和衣物分给严贡生和嫂子、侄子。银子、衣服，添加了图像表示。很多，添加了警醒符号强调。

这幅思维导图，让我们全面地认识了严监生，也体会到了人性的复杂。

# 杜少卿

## 内容介绍

《儒林外史》中“出淤泥而不染”的真儒士杜少卿是作者理想的人物之一。

## 导图解析

中心图描绘了杜少卿身穿长衫、手持毛笔的“儒雅”形象，身后书本表示他出身书香门第，生动简洁，主题突出。

思维导图依据人物的个性特点分为六部分。

第一部分：淡，杜少卿淡泊功名。推辞、装病和图乐，添加了图像，加深理解。问号，表示妻子的疑惑。

第二部分：傲，杜少卿傲视权贵。小于号，表示秀才不如奴才。官帽代表官员，涂底色，表示强调关键词。

第三部分：尊，杜少卿尊重妇女。“×”表示反对。杜少卿卖房子，移居南京，还得和妻子商议，这是他讲求男女平等的表现。

第四部分：孝。这部分举了杜少卿对待门客娄太爷的例子，表现他的孝。冒着热气的汤药碗，形象地表现了杜少卿对待娄太爷的孝心。红十字，表示医生。

第五部分：助。别人有危困，或者公益事业，杜少卿都借钱出资，慷慨相助，毫不吝啬。

第六部分：叛，杜少卿反叛所谓的正统。杜少卿携妻子一同出游。这在朱熹看来，是淫奔。夫妻同游，添加了图像表示。

思维导图不同底色的运用，是为了强调关键词，区分不同的重点。

## 思维导图

图2-70 杜少卿

# 儒林外史讽刺图

## 内容介绍

这部分从吏治、礼教、世态和科举几个方面讽刺了封建官员的腐败、礼教吃人的本质、社会世态的丑恶和科举制度的弊端。

## 导图解析

这幅思维导图是《儒林外史》的阅读感悟，中心图的主题“儒林外史讽刺图”写在一幅带有山水小画、边缘破旧的卷轴上，突出表现了文学的厚重感。“儒林外史”四个字大写，字体加粗，代表强调，整体像一幅正在打开的优美画卷，图文并茂，主题突出。

思维导图按照全书讽刺的内容分为四部分。

第一部分：吏治。这部分选取了汤奉和王惠两个典型的封建腐败官员的代表。一个是枷死回民，按察司反而问罪回民罢市。一个是上任通案情，做库戥，反而被评为“江西第一能员”。二位都是以搜刮民财为能事，封建吏治的腐败皆是如此。“三年清知府，十万雪花银”，运用图文框，如同广告牌，把封建官吏的思想暴露无遗。

第二部分：礼教。这部分举了王玉辉劝女儿殉节的事例，讽刺了封建礼教的“吃人”本质。王玉辉游览苏州的时候，见到少妇，滚下热泪来，说明了封建礼教的虚伪。把人放在嘴里，表示吃人。女婿后面的图像，表示坟墓。

第三部分：世态。这部分叙写了风水先生、梅玖、严监生、严贡生和马二等人的典型事件，表现了封建社会世态的丑恶。风水先生通过嚼土块，判定墓地的好坏。施御史的弟弟养了一个风水先生，让他迁坟。施二跪求

## 思维导图

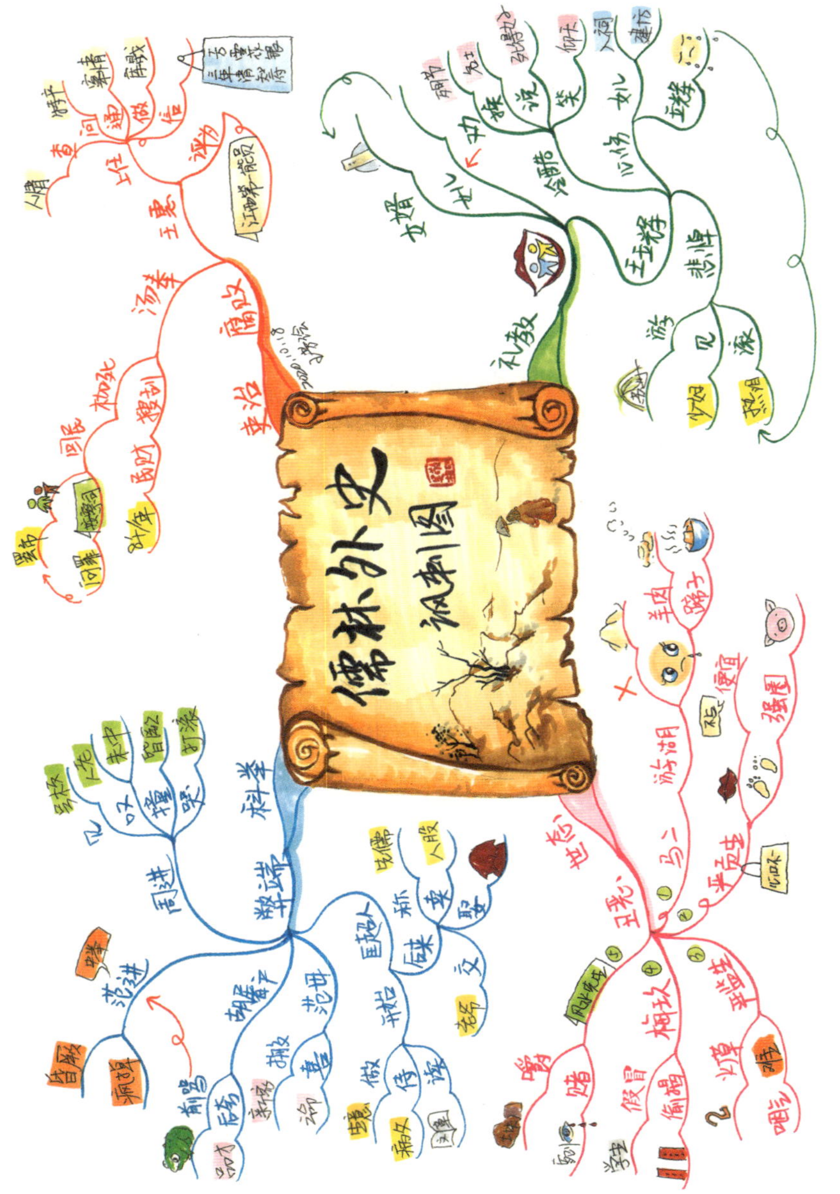


图2-71 儒林外史讽刺图

哥哥，还找了好几个风水先生选定了一块地。在迁坟的时候，掘开坟墓，一股热气冲出，把施二的眼睛弄瞎了。梅玖在周进中举前嘲弄，中举后假冒周进的学生，偷揭周进当年的对联。严监生临死前，望着两根燃着的灯草难咽气。严贡生言行不一，嘴上说不占便宜，却强圈邻居的猪。马二游览西湖，不看风景，馋美食。嚼土块、剜眼睛、对联，添加了辅助图像，加深理解和记忆。“×”表示不看。山水的图像，代表美景、风景。流口水的表情，表示馋。羊肉透味、蹄子滚热的图像，运用通感，富有表现力。嘴的图像，表示说。脚印的图像，表示行动。猪头，运用借代法，代表猪。

第四部分：科举。封建社会的科举制度使得读书人深受毒害。老童生周进 60 多岁撞号板，范进 50 多岁中举而疯癫，生意人匡超人卖八股。包括鲁迅先生笔下的孔乙己，被科举制度毒害致死。这些深刻反映了封建科举制度的弊端，封建制度的腐朽，封建社会的没落，走向灭亡的历史必然。娶媳妇，蒙着红盖头的头像表示。

# 《简·爱》

## 《简·爱》全书

### 内容介绍

作品主要描写了地位悬殊却又深深相恋的男女主人公恋爱的经过，随着跌宕起伏的爱情故事的展开，一个不屈于世俗压迫，独立、积极进取、勇于争取权利与平等社会地位的现代女子形象，跃然纸上。相互理解、相互尊重是爱情的基础，在真挚爱情之上，敢于摆脱一切旧习俗和偏见的反抗精神被歌颂。小说用事实告诉世人：只有在“尊严”之上的“爱”才是最美好的。这样的见解对于当时的英国女性来说，具有震撼心灵的力量。

### 导图解析

这是《简·爱》全书思维导图，中心图绘制了小说的主人公简·爱和罗切斯特手牵着手，他们的头上是幸福的祥云，他们的身边是飞舞的蝴蝶，他们的面前是美丽的花朵，到处洋溢着幸福和美好。

思维导图按照故事情节的发展分为六部分。

第一部分：苦难。这部分叙写简·爱父母双亡，舅舅收留了她。可是不久，舅舅也死了。表哥找碴儿，打骂简·爱。简·爱进行了反抗，被舅妈关进红房子。再后来，舅妈又把简·爱送到孤儿院。

第二部分：成长。在孤儿院里，校长摧残孩子们的肉体和精神，主管诋毁简·爱，让她上耻辱台，在全校师生面前丢脸。简·爱的好朋友海伦理解她，可是很快病死了。谭波尔小姐关心她。

第三部分：恋爱。简·爱在报纸上看到招聘家庭教师的广告，就来到

## 思维导图

图2-72《简·爱》全书

了桑菲尔德。在这里认识了罗切斯特，并且和他相爱了。

第一层，相识。简·爱出来散步的时候，正赶上罗切斯特骑着马回来，不巧马摔倒了。简·爱扶罗切斯特上马，这样他们就互相认识了。

第二层，相交。开始交流的时候，简·爱觉得罗切斯特喜怒无常。后来再次见到、交流的时候，简·爱知道了罗切斯特坏脾气的原因。罗切斯特接待简·爱，给人古怪的感觉。从细看水彩画，看出他对简·爱产生了兴趣，甚至是好感。

第三层，相爱。简·爱从罗切斯特的眼睛里看到了他的柔情。因为失火，简·爱不顾一切，救出了罗切斯特。简·爱对楼上这个疯女人感到疑惑。罗切斯特解释说法国舞女，是指阿黛勒不是罗切斯特的亲生女儿，她是法国舞女塞丽娜·瓦伦的女儿。而塞丽娜·瓦伦曾经是他的情妇，后来她跟一名纨绔子弟相好，塞丽娜·瓦伦就把她的女儿交给罗切斯特抚养。

第四层，表白。简·爱爱上了罗切斯特，却不敢面对他。这天傍晚，简·爱在花园散步，遇到了罗切斯特。简·爱想溜掉，却被罗切斯特逮住。罗切斯特骗简·爱说自己要娶英格拉姆小姐。后来，罗切斯特吻了简·爱，向简·爱表白了爱意。简.爱接受了罗切斯特的求婚。

第四部分：婚礼。这部分费尔法克斯的忧愁，为下文埋下伏笔。因为她知道罗切斯特有妻子。珠宝、纱巾、废墟，添加了插图，形象化。

第五部分：重生。法律阻碍了罗切斯特和简·爱的爱情，自重自爱的简·爱选择了离开罗切斯特。来到圣约翰家，找到了一份工作，担任乡村小学教师。

第六部分：成家。正当简·爱在荒原上矛盾徘徊的时候，她仿佛听到罗切斯特在遥远的地方呼唤她的名字。简·爱拒绝了圣约翰的求婚，毅然决定响应内心的召唤，回到罗切斯特的身边。

# 红房子

## 内容介绍

这部分叙写表弟约翰找碴儿，简·爱奋力反抗，舅妈把她关进“红房子”的故事。

## 导图解析

中心图是那座阴森森的关闭简·爱的红房子。

思维导图按照故事情节的发展分为五部分。

第一部分：身世。小说开端，作者将主人公抛到了一个父母双亡、寄人篱下的生存环境。

第二部分：独处。舅妈让简·爱独自在育儿室睡觉、用餐。而简·爱溜进早餐室，翻看喜欢的书，欣赏窗外的景色，低头沉浸在读书的快乐中。这里萧瑟的风景，烘托了简·爱备受摧残的生存环境。

第三部分：抗争。这部分叙写表弟约翰故意找碴，简·爱不屈服，奋力抗争。这是简·爱迈出追求平等、自由与尊严的第一步。

第四部分：受辱。这部分叙写舅妈把简·爱关进红房子，艾博特、贝茜和那些佣人们为虎作伥。红房子和舅舅死之间用连线，表示这个红房子就是舅舅死去的地方，对年幼的简·爱是何等的恐怖，也表现了舅妈的残忍。

第五部分：报复。面对舅妈的嫌弃，表姐的冷漠，表兄的侮辱和虐待，以及佣人们的势力，简·爱没有屈服，发出震撼舅妈、震撼那个社会的誓言。所作所为，添加了图文框，强调重点。

## 思维导图

图2-73 红房子

## 初遇

### 内容介绍

这是简·爱和男主人公罗切斯特在桑菲尔德初次见面的情景。

### 导图解析

中心图描绘了简·爱正坐在院子的长凳上看书，罗切斯特来到她的身后，望着她。

思维导图按照故事情节的发展分为三部分。

第一部分：遇前。这部分是简·爱来到罗切斯特家里的所见所闻，这个家里的人物先后出场。简·爱从交流中了解了这些人的品行，还听到普尔奇怪的笑声和古怪的嘟嘟。眺望，添加了图像表示。解开铁链和绳结的图像，表示解脱，简洁形象。

第二部分：相遇。这部分叙写了正当简·爱为桑菲尔德如死水般平静的生活苦恼时，罗切斯特回来了：在干草小径上，罗切斯特的马摔了一跤，恰好简·爱经过这里，在不知罗切斯特真实身份的情况下帮助了他，给罗切斯特留下了深刻的印象。“怎么办，活见鬼”，运用警醒符号突出一下，引出简·爱的帮助。罗切斯特骑在马上的插图，形象逼真，如在眼前，为塑造人物起到突出的作用。

第三部分：遇后。这部分叙写简·爱和罗切斯特的交流展开了。先写简·爱期望马蹄声，了解罗切斯特的情况，为他们再次见面做了铺垫，也表现了简·爱对罗切斯特的关切。再见时的外貌描写，是简·爱的所见。交流部分，描写罗切斯特了解简·爱。大量的对话描写，为他们感情的发展做足了铺垫。罗切斯特古怪的性格，为后文的情节埋下了伏笔。

## 思维导图

图2-74 初遇

# 算命

## 内容介绍

这是罗切斯特假扮女巫，为简·爱算命的部分。“命运已经赐给你一份幸福，那幸福就在你身边，就看你是否会伸手将它拿起来了。”（《简·爱》）

## 导图解析

中心图绘制了能看到未来的水晶球，旁边是挂着钥匙的魔力药水瓶，带有魔力的手，预知阴阳的太阳和算命的卦签，这些都突出了“算命”的主题。

思维导图依据故事情节的发展分为四部分。

第一部分：初算。英格拉姆小姐是罗切斯特带来参加宴会的重要客人，大家认为罗切斯特会娶这位小姐。当罗切斯特外出回来时，家里来了蒙着头的女巫。她要给小姐们算命，英格拉姆小姐就像冲锋队长，第一个去算命，结果大失所望。冲锋号的图像，突出了英格拉姆小姐的高傲、自负。

第二部分：见巫。这部分是女巫让简·爱去算命，简·爱见到这位女巫的动作、外貌和神态。红斗篷、女黑帽和嘴里念念有词，添加了辅助图像表示，形象生动，简洁明了。

第三部分：算命。这部分写的是简·爱如何来到女巫面前，如何跪下来等待算命和女巫算命的过程。

第四部分：露馅。这部分叙写罗切斯特脱掉斗篷，摘掉帽子，露出真面目的情景。这场闹剧，其实是罗切斯特精心安排的，目的是借此试探简·爱对他的感情。

## 思维导图

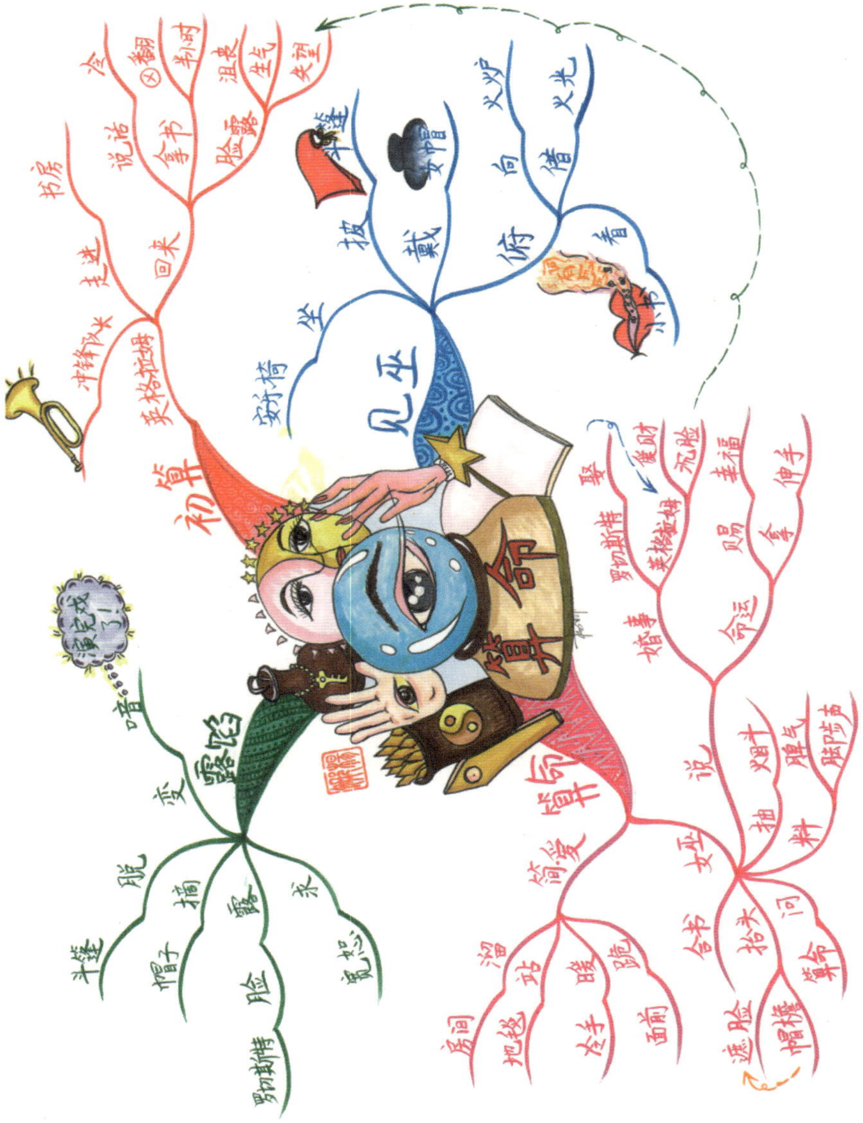


图2-75 算命

罗切斯特虽然没有被英格拉姆小姐的美貌降服，但也是在权贵、门楣和爱情中徘徊。他拿捏不准，于是扮作一个女巫，给未婚的小姐们算命，最后到简·爱的时候，他始终没有从简·爱的口中套出话来。

# 流落异乡

## 内容介绍

这是简·爱得知罗切斯特已经有妻子后，离开桑菲尔德，流落异乡的部分。“你应该知道世界上一些最好的人也像我一样一无所有，你不应该认为贫穷是一种罪过。”（《简·爱》）

## 导图解析

中心图绘制了异乡的楼房，去往异乡的车子，简·爱正行进在去往异乡遥远的路上。

思维导图依据故事情节的发展分为五部分。

第一部分：离开。这部分叙写在罗切斯特和简·爱的婚礼上，一个律师拆穿了罗切斯特的谎言：他结过婚，有个妻子。罗切斯特也把这个秘密告诉了简·爱，请求原谅。简·爱不想沦为情妇，决定离开庄园。

第二部分：漂泊。这部分是简·爱离开庄园，漂泊在荒原。这里的“回”，是指回到开始下车的惠特劳斯镇。剩下一口、摘一把、背向太阳和教堂尖顶，添加了辅助插图，帮助理解和记忆。

第三部分：求职。这部分叙写简·爱先后来到村庄和小房子寻找工作。当她打听工作时，这里的人告诉她，工厂里都是男人。

第四部分：乞讨。简·爱找不到工作，只能靠乞讨生存下去。第一层，折回。这里简·爱打听牧师和女主人都不在，再一次走开了。第二层，简·爱又转回小店铺，想用丝巾和手套换面包吃，遭到拒绝。第三层，简·爱路过农舍，讨得农夫的面包，简·爱吃得狼吞虎咽。当看到一个小女孩正在往猪槽里倒冷粥，简·爱让小女孩把冻成块的冷粥倒在她的

## 思维导图

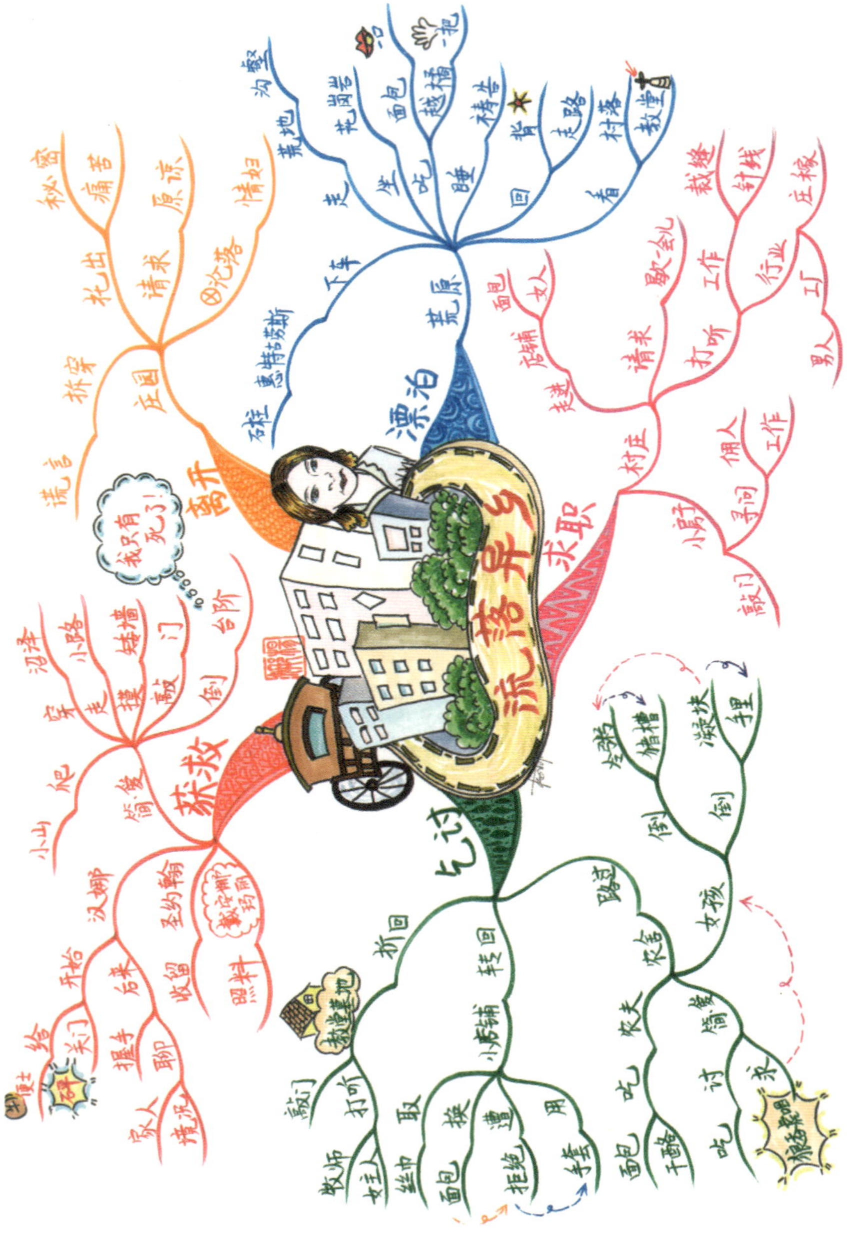


图2-76 流落异乡

手里。教堂墓地和狼吞虎咽，字数较多，运用图文框。

第五部分：获救。简·爱继续前行，当她来到一户门前时，累倒在了这家的台阶上。汉娜是这家的佣人，圣约翰是哥哥，戴安娜和玛丽是妹妹。最终圣约翰收留了简·爱，由两个妹妹来照料。

这一章，简·爱再次陷入凄惨的境地：身无分文，流落异乡。她之所以逃离不诚实的婚姻，就是为了保持自己的尊严和独立的人格。

# 爱的真谛

## 内容介绍

这是阅读《简·爱》全书的感悟，这本书让我们认识到什么是真爱，希望给同学们以启发。“你以为我身无分文、身份低微、相貌平平、个子矮小，我就没有灵魂了吗？你想错了！我的灵魂跟你一样丰富，内心跟你一样充实……我不是根据习俗、惯例，甚至也不是通过血肉之躯在跟你说话，而是我的灵魂和你的灵魂对话，就像当我们穿过坟墓来到上帝面前时一样，我们的精神彼此平等！”（《简·爱》）

## 导图解析

思维导图提炼了核心词“爱的真谛”，中心图描绘了简·爱和罗切斯特拥抱在一起，相亲相爱的情景，一个爱心符号，突出了爱的主题。

思维导图围绕《简·爱》的内容，从五个方面解读“爱的真谛”。

第一部分：吸引。这部分简·爱期望马蹄声，打听主人，观察罗切斯特的样貌，细看他眼睛包含的柔情，说自己喜欢庄园，回味罗切斯特诉说婚姻的故事，爱听罗切斯特滔滔不绝地聊天，都说明了简·爱已经被罗切斯特所吸引，这是爱的基础。而罗切斯特看简·爱的画夹，给简·爱送口信，诉说自己不幸的婚姻，滔滔不绝地说东道西，也表现出他对简·爱萌动的感情。这是爱的前兆。

第二部分：追求。简·爱是一个敢于抗争不幸命运，刚强进取，有追求的女孩儿。在桑菲尔德庄园，面对贵族出身的罗切斯特，她不卑不亢，自信自己的灵魂和罗切斯特一样丰富，信仰精神平等，不追求财富，拒做玩偶和情妇。虽然相貌平平，地位低下，但是简·爱富有不懈追求的人格

## 思维导图

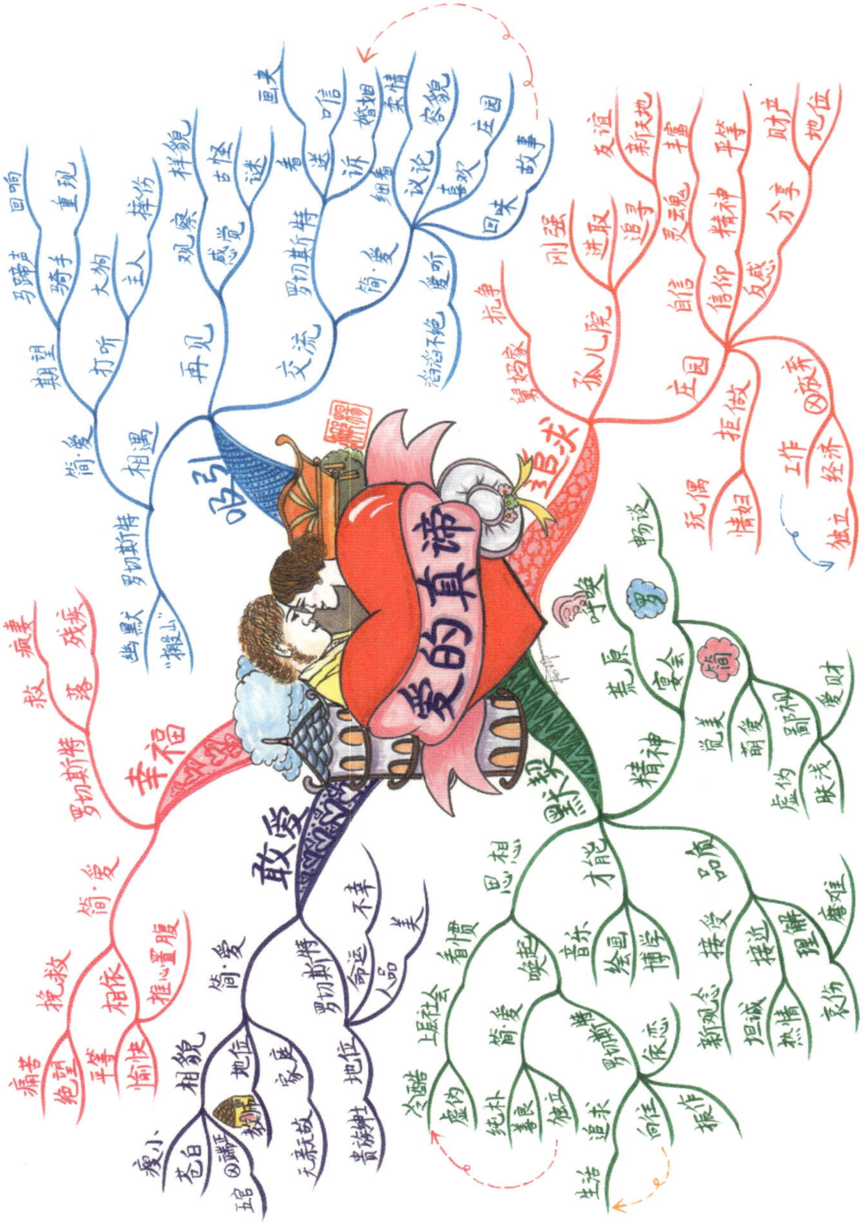


图2-77 爱的真谛

精神，闪烁着动人的魅力，这是她获得真爱的源泉。

第三部分：默契。简·爱纯朴、善良，追求独立的人格魅力，和罗切斯特的追求新生活，希望摆脱忧伤，振作起来的性格是默契的。罗切斯特在精神的荒原上呼唤着，简·爱就像是春风，吹绿了他荒芜的心灵。

第四部分：敢爱，这是最让人敬佩的，尤其是在那个社会。简·爱相貌平平，地位低下，身无分文，无亲无故，面对一个上层社会的贵族绅士，在地位如此悬殊的情况下，她却敢于去爱，因为她坚信人在精神上是平等的。

第五部分：幸福。虽然命运坎坷，爱情之路曲曲折折，但最终简·爱收获了爱情，获得了幸福。

爱的真谛是什么？我们从《简·爱》中获得了启示：灵魂的默契，人格的魅力。

# 附录

## 孔乙己

### 内容介绍

作为中国封建社会科举考试牺牲品的孔乙己，在“四书”“五经”中熬尽了他的青春年华。他穷尽一生追求的就是考取功名。“又脏又破的长衫”是他沦落为乞丐还不肯脱下的象征读书人身份的见证；“满口之乎者也”，是他显示读书人身份的标榜。甚至他在被他人戏弄、嘲讽的时候，还“君子固穷”，万般狡辩、自命不凡、孤芳自赏。他虽一心想往上爬，也读过书，可最后连半个秀才也没捞到。孔乙己一直被封建文化和封建教育观念毒害着，形成了好吃懒做、轻视劳动的坏习惯，也不愿靠劳动自食其力，所以免不了“偶尔做些偷窃的事”。“偷到了何家的书，先被吊着打；偷到了丁举人家之后，先写服辩”，然后又被打了大半夜，还打折了腿。封建科举是压死他的最后一根稻草。

### 导图解析

中心图描画了挂着“咸亨酒店”的旗子，孩子们正在看着孔乙己喝酒，要茴香豆吃，孔乙己说“不多不多，多乎哉，不多也”的场景。

思维导图根据故事情节的发展分为四部分。

第一部分：开端。故事发生的地点：咸亨酒店。酒坛子的图像，突出了酒店的主题。酒杯的图像，表示喝酒。凶脸孔的图像，说明了封建社会的等级观念——掌柜对小伙计是一副凶脸孔。

第二部分：发展。这部分从整体、肖像、服饰、神态、动作和语言方

## 思维导图

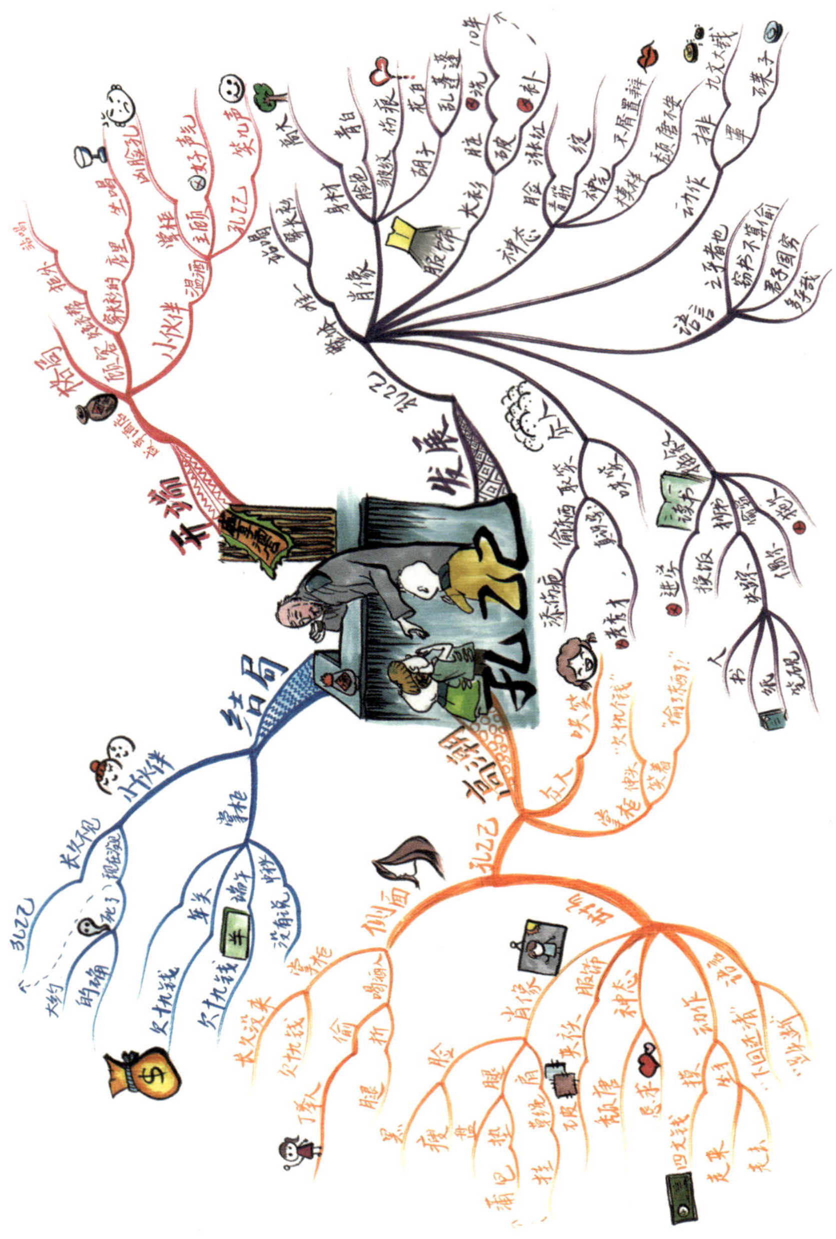


图2-78 孔乙己

面，全面细致地塑造了孔乙己的形象，突出了孔乙己的思想性格。还插叙了孔乙己的经历和众人对他的嘲笑，从侧面丰富了孔乙己的人物形象，反映了当时的社会现实。树的图像，表示高大，说明孔乙己有谋生的先天条件。爱心流血的图像，说明孔乙己经常挨打。很多人的头像，表现了人们对孔乙己的取笑。侧面，添加了美女脸的侧面图像，丰富了阅读的想象。

第三部分：高潮。这部分叙写了孔乙己最后一次出场的悲惨情景。先侧面交代他因为偷东西，被丁举人打折了腿。作者描写了孔乙己此时的外貌、神态、动作和语言，和孔乙己第一次出场形成鲜明的对比，突出了孔乙己命运的悲惨，控诉了社会的黑暗。还描写了掌柜的要账，众人的哄笑，从侧面表现了人们的冷漠，进一步突出了孔乙己悲惨命运的必然性。

第四部分：结局。这部分通过小伙伴的长久没见到孔乙己和猜测，掌柜的开始说孔乙己还欠十九个钱呢，到了中秋没有说，分明是告诉读者：孔乙己大约的确死了。

# 社戏

## 内容介绍

真的，一直到现在，我实在再没有吃到那夜似的好豆，也不再看到那夜似的好戏了。——《社戏》

## 导图解析

鲁迅先生的短篇小说《社戏》是初中语文教材保留篇目。中心图描绘了人们在赵庄的乌篷船上看社戏的情景，乌压压的人群，精彩的社戏画面，突出了小说的主题。

思维导图根据小说故事情节的发展分为六部分。

第一部分：随母归省。这是小说的引子，叙写“我”跟随母亲回外祖母家的时间、地点，在外祖母家的乐事。平桥村，添加了小桥的插图，形象化。

第二部分：看戏波折。这是小说的开端，分别从遇阻、沮丧和转机三个方面，叙写“我”想去看戏遇到的波折。“怕”的辅助图像，表示外婆。锣鼓的图像，表示“我”似乎听到锣鼓的声音，表现了“我”对看社戏的渴望。转机部分，双喜说，八叔的船回来了，他打包票不出问题。少年们都识水性，撺掇和“我”一起去看社戏。

第三部分：看戏途中。这是小说的发展，描写了两个内容：月夜出航和月夜行船。第一层，少年们一系列的动作，表现了他们驾船技术的熟练。第二层，从视觉、嗅觉和听觉描写了看戏途中的景色，衬托了“我”快乐的心情。船慢、料想、沉静，直接描写我想看戏的急切心理。两棵树、豆麦、青苗的图像，把景色形象化。点开，添加了开店卖水果的图像，运用

## 思维导图

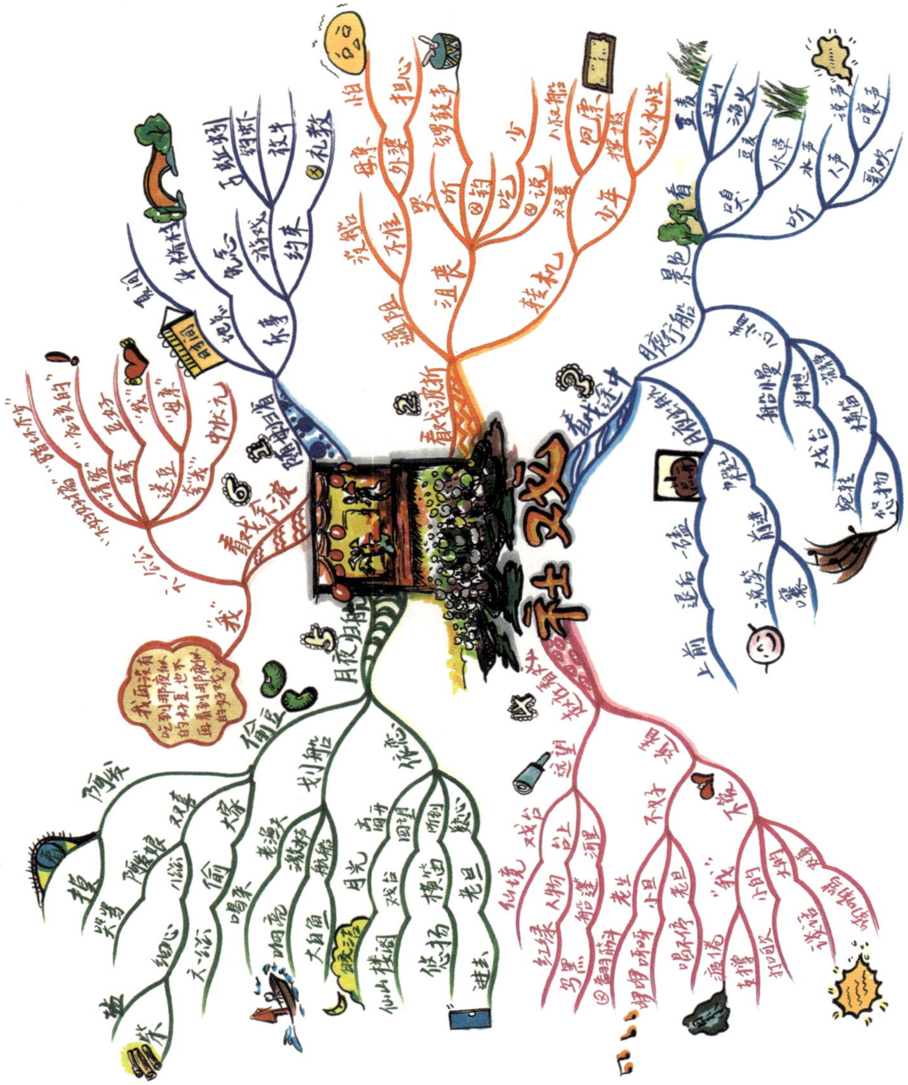


图2-79 社戏

了倒装谐音法。

第四部分：赵庄看戏。这是小说的高潮，可划分为两层：远望和近看。望远镜的图像，表示远望，突出了主题。仙境、红绿，写出了“我”想象中好看的社戏。近看，从老生、小旦和老旦的表演，表现这场社戏的并不好看。爱心的裂开，表示我的“不喜欢”。

第五部分：月夜归航。这是小说的结局。戏，虽然不好看，月夜归航，别有一番乐趣。这部分叙写了三件趣事。第一件，偷豆。阿发看看、摸摸自家的豆，可见他的无私、大方。双喜分析，怕阿发娘哭骂，八公公细心，所以大家偷六一公公家的。这里表现了双喜的聪明成熟。柴的图像，形象化。第二件，划船。这部分写出了孩子们熟练的划船技术，老渔夫的喝彩声，激水的响亮声，航船像大白鱼，从侧面突出了孩子们划船的高超技艺，照应了双喜的打包票。划船的图像，突出了激水的响亮。第三件，依恋。这部分从离开、回望、听到和疑心方面，描写了“我”对社戏的恋恋不舍。

第六部分：看戏余波。这是小说的尾声，叙写了六一公公的淳朴、好客、善良和爱惜劳动果实的品质。图文框内容，表达了作者对童年生活的怀念和向往，突出了小说的主题。

绘制思维导图，字数多而又特别重要的内容，可以设计图文框来实现突出重点、强化主题的目的。思维导图关键词的字数要求，只有相对，没有绝对。

# 故乡

## 内容介绍

小说以“我”回乡迁居的经历为线索，叙述了当时中国农民的穷困生活与精神病苦，表达了作者对现实社会中人与人之间关系相互隔膜的深沉忧虑，以及打破彼此隔膜、探求人生新路的执着信念。“希望是本无所谓有，无所谓无的，这正如地上的路；其实地上本没有路，走的人多了，也便成了路。”

## 导图解析

这是鲁迅先生的短篇小说《故乡》的思维导图，中心图描绘了冒着炊烟的房子，高高的绿树，远处的青山，天上的白云。故乡，如诗如画，可是“我”要离它而去了。

以“故乡”为线索，按照事情的发展顺序分为三部分。

第一部分：回。这部分叙写了“我”回故乡所见到的景象，以及由此产生的悲凉心情。荒村的萧索，绘制了插图，形象地突出了主题。

第二部分：在。这部分叙写了回忆少年闰土、遇见杨二嫂、见到中年闰土三件事，表现了故乡的变化这一主题。小毡帽，添加了图像。相处，用两根火柴相触表示，运用谐音法。杨二嫂的塞手套，拿狗气杀，写的是“我”要搬家，杨二嫂来看“我”，随手偷走了手套和狗气杀。豆腐、手套添加了辅助图像，形象入眼。

第三部分：离。这部分叙写“我”离开故乡的所思所感。宏儿，“我”的侄儿，和中年闰土的儿子水生一般大，也建立了友情。爱心图，表达了宏儿希望再见到水生的美好愿望。金黄的圆月插图，突出了“我”的美好理想。文章的哲理名言和愈走愈远的道路组合图像，有创意，升华了主题。

## 思维导图

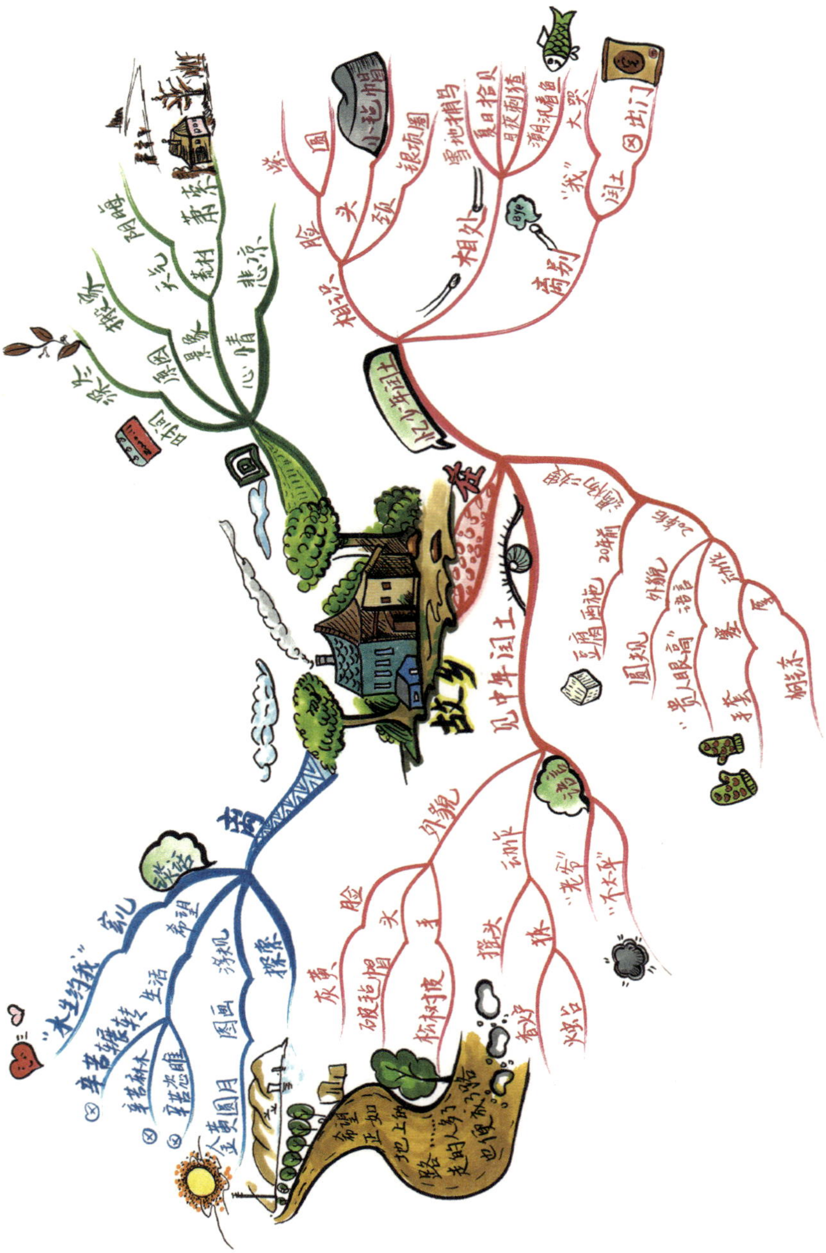


图2-80 故乡

# 《思维导图读名著（初中版）》编委会



---

## 栏目编辑